沉默的孩子

那些太快被貼上「病症」標籤，
從此被迫掩蓋真我，
與世界失去聯繫的孩子們

The Silenced Child

From Labels, Medications, and Quick-Fix Solutions to Listening, Growth, and Lifelong Resilience

克勞迪亞・高德
Claudia M. Gold MD —— 著
聞翊均 —— 譯

目錄

前言

傾聽，讓親子關係不再沉默

三歲的卡拉身穿亮麗的圓點洋裝，兩邊梳著有點不平均的辮子，對著鏡頭露出淘氣的微笑。「你看她站在廚房的桌子上，」她的祖母安妮自豪又擔憂的對我說。她拿出這張照片給我看，解釋卡拉站在桌子上是因為她「從不聽話」，總是在媽媽想幫她拍照時一溜煙跑走。

安妮知道我是小兒科醫師，「專門」處理行為問題，所以在給我看了照片之後，提到說她的孫女可能患有注意力不足過動症（attention-deficit hyperactivity disorder，簡稱ADHD）。「她聽故事時從頭到尾都無法好好跟其他小朋友坐成一圈，已經在接受評估了。」

安妮是我的鄰居。她在一個漸暖的春日整理花園，看到我在遛狗，於是邀請我過去喝杯茶。我聽她說了這件事，一樣擔憂的點點頭，她便繼續說下去。我們認識很多年了，話匣子很容易就打開。「真的很辛苦，」她說，「因為明蒂（她女兒）才剛跟男朋友分手。」「所以她是單親媽媽，」我說。「對，她都工作到很晚，所以會讓卡拉熬夜到十一點，她們才有時間可以相處。」我停頓一下說：「那麼卡拉上學一定很累。」卡拉的祖母繼續解釋卡拉是班上一大群四歲幼童之中年紀最小的。安妮開始在想，她告訴我的這些事是否跟卡拉在學校出現的問題有關。她的語調改變了。

接著她回想：「其實明蒂小時候也是這樣。所有光線和聲音都可以吸引她的注意力，很容易分心。但經過幾年的掙扎後，她找到了自己的方向。」在聊天的過程中，我感覺到安妮思緒的轉變。光是跟我這個認真的聽眾老友說話，她就從以「障礙」和「接受評估」描述孫女的狀況變成思考「她為什麼會有這種行為？」

安妮再次看著照片中孫女站在廚房桌子上興高采烈的表情。可愛歸可愛，但安妮覺得這是卡拉不堪負荷的徵兆。她對我傾吐擔憂，或許女兒壓力太大了，需要她給予更多幫助。她說如果明蒂能有多一點自己的時間，可以對卡拉更有耐心。因此安妮決定幫女兒帶一天小孩。

這位祖母有了機會思索照片的意涵，並認知到卡拉的行為其實是一種溝通形式。心聲被傾聽和理解的安妮發現卡拉可能不是患有障礙的孩子，而只是在盡力表達她的需求。

這個短短的小插曲讓我們觀察到一個人的注意力從行為本身轉移到行為背後意義。如同我們將在本書中不斷看到的，這樣的轉移對於支持健康情緒發展來說很重要。我們在保護聆聽的時間和空間時會產生這樣的轉移。

本書的論點認為現在的文化重視建議、快速解方、教養訓練和行為管理，再加上精神病標籤與藥物治療的使用快速增加，若父母沒有受到支持，無法傾聽孩子的行為所傳達的聲音，可能會妨礙發展。

此論點的證據，也是本書的骨幹，就存在於故事本身。它們都是我在小兒科執業二十五年來由父母和孩子告訴我的故事（細節經過更改以保護隱私）。每一個「行為問題」背後都有其意義。

本書旨在幫助所有家庭成員和專業人士，包括小兒科醫師、社工、精神科醫師、教師、兒童護理師等等，讓他們得以支持像卡拉這樣的孩子。所有需要引導孩子的人員能夠藉由本書讓孩子在不免跌跌撞撞的人生旅途中持續成長、治癒傷口和培養韌性。

人性存在於歷史中，也存在於我們述說的人生故事以及經驗創造的意義中。全世界形形色色的家庭都有自己的故事。有的被聽見，許多則不為人知。

只要傾聽就好。

將複雜事物簡化毫無價值，但找出複雜事物背後的簡單原則意義重大。

——奧利弗・溫德爾・霍姆斯／美國著名作家

本書描述的傾聽指的是在「複雜事物背後」一種很簡單的行為。這種傾聽具有療效，可以幫助孩子發展健康的頭腦和心靈。真正的傾聽來自於「不知」（not knowing）的心態，也就是開放的為他人設身處地著想，即使我們沒有親身經歷。

傾聽的要件是願意在當下面對艱難、緊繃的情緒，同時傳達安全感，讓對方感受到穩固支持。最重要也最具挑戰性的是我們在傾聽時必須留心自己被激起的情緒、記憶和回憶；為了投入在傾聽中，我們一定要管理好自己的反應。

這種傾聽孩子的方式在發展心理學中稱為「把孩子的心放在心中」（holding a child's mind in mind），或是我在著作中簡稱為「把孩子放在心中」（holding a child in mind）。超過四十年的縱貫性研究（longitudinal research）顯示出這種傾聽能強化彈性思考、情緒管理、社會適應以及整體心理健康。

佛教思想當中也有類似的傾聽觀念。一行禪師（Thich Nhat Hanh）稱之為「慈悲傾聽」（compassionate listening）。

一旦溝通被切斷，大家都會受苦。無人傾聽會讓我們變成一顆不定時炸彈。恢復溝通是迫切任務，透過全神貫注的傾聽可以解除很多炸彈。如果有人能夠冷靜的坐下來，用心傾聽一小時，對方的痛苦將大大獲得緩解。

傾聽父母能幫助他們傾聽孩子，而傾聽孩子被證實能夠改變孩子面對壓力的方式，保護孩子的大腦和身體不受到壓力的長期負面影響。遺傳基因具有一定作用，但提供孩子一個安全無虞、充滿關懷的環境能影響基因表現的方式。

我們透過被傾聽來學習傾聽。如同我們將在第三章探討的，人類以這種方式傾聽和設身處地的能力在生命的前幾個月當父母自然回應我們的無語溝通時就開始發展。在充滿連結和溝通的環境中，我們傾聽的能力會被加強。相反的，在一個不仿效和重視傾聽的環境中，我們的傾聽能力便會萎縮。

我在身為小兒科醫師的職涯中歷經了一個現代生物精神病學成為主流的時期，在這段期間中，我們看到比以往為數眾多的兒童被診斷為患有精神方面的疾病並服用精神科藥物。我們見識到巨大的文化變遷，像是注意力不足過動症（ADHD）診所以及十五分鐘「健康檢查」都成為標準治療。

近期統計數據顯示ADHD診斷案例在過去八年增加了四十二％，其中三分之一在六歲之前被診斷。三歲的卡拉可能會成為這個數據的一部分。在二〇一二年到二〇一四年間，自閉症診斷案例從每八十八人中有一人增加為每六十八人中有一人，漲幅為三十％。兒童躁鬱症診斷案例數量自一九九〇年出現以來到二〇〇〇年早期上升了四千％。伴隨著以上和其他診斷案例（像是焦慮症）增加的還有兒童精神科藥物處方。在過去二十五年來，因為ADHD而被開興奮劑類藥物的兒童數上升將近五百％。

讓我感興趣的是另類預防措施，也就是我身為一般和行為小兒科醫師所觀察而開發出來的療法，受到發展科學領域新進展的支持，顯示大腦如何在人際關係中成長。從一方面來看，我在診間的安靜空間裡發現只要讓父母吐露心聲，讓孩子覺得被傾聽和理解，就可以產生多驚人的轉變；但在另一方面，現行醫療慣例採用行為管理，可能將孩子的經驗簡化為一長串症狀、一個標籤和一種藥物。這兩者之間的對比讓我愈來愈訝異。

心理分析和佛教都主張治療情緒傷痛需要另一個人沉著應對。「陪在身旁」和「見證過程」可以用來形容這個現象。如果直接訴諸藥物就有跳過這個步驟的風險。生物精神病學的基本原則是找出病症。這個方法認為「你出了問題，我會把你治好。」克里斯多福・博拉斯（Christopher Bollas）二〇一五年在國際精神分析學會（International Psychoanalytic Association）專題演講中提出以「精神痛苦」（mental pain）代替「精神疾病」（mental illness）一詞。以佛教觀點可能會使用「精神苦難」(mental suffering)。不冠上疾病之名，把目標放在減輕折磨，找到並支持一個堅強又健康的自我。

孩子哭泣的背後，需要父母耐心理解

當孩子陷入困境時，想要為孩子解決問題是很自然的反應。但心理分析師莎莉・普羅文絲(Sally Provence)明智的提出一個更恰當的做法：「除了實際給予行動，也要不斷關注著孩子。」

身為家長、朋友或專業人士，我們不去傾聽通常是因為自顧不暇。腦中那一個思考如何幫助他人的區塊可能在感到憂愁時失去作用，因此心有餘而力不足。我們想要「做些什麼」。但如果不去傾聽，驟然做出行動，可能會在不經意的情況下導致我們與孩子的溝通中斷或陷入沉默。如果可以停下來，先建立人跟人之間的連結與溝通，便能找到一條療癒之路。

珍妮佛是一名母親，兒子喬治才三個月大，她最近來到我的辦公室跟我描述了類似情況。她和丈夫總是在爭吵。他的工作時間很長，一整天下來幾乎無法陪她。珍妮佛長久以來深受焦慮困擾，這個症狀在她懷孕期間加劇。雖然她覺得乳汁充足，但喬治的小兒科醫師還是建議她以奶粉幫寶寶補充營養，因為上一次做檢查時，喬治沒有增加到應有的重量。這和珍妮佛的直覺背道而馳，她認為寶寶正在健康的成長茁壯。

小兒科醫師推測寶寶體重不足可能和珍妮佛的情緒問題有關，因此把這對母子轉介給我。珍妮佛一臉焦慮，身體緊繃，說話短促，長髮遮住一部分面容。我們聊了一陣子之後，在背帶裡熟睡的喬治開始躁動起來。她舉棋不定的看著我。「我應該現在拿奶瓶餵他嗎？」她問。我反問她覺得怎麼做對喬治最好。她猶豫了一下，說要親餵。我點點頭，她便將寶寶放在胸前。在接下來四十五分鐘，珍妮佛分享了更多自己的故事，一邊應付寶寶喝奶、躁動、打嗝、再餵奶，直到他安靜下來，舒服的坐在媽媽腿上。珍妮佛對我露出開心的微笑。她將頭髮撥到腦後，慈愛的看著兒子，全身因為心滿意足而放鬆下來。

隨著我們的會面接近尾聲，珍妮佛的無力感又湧了上來。「我要怎麼保護孩子不受壓力和我的焦慮影響？」我們都認為她需要繼續治療焦慮症，而她和丈夫必須設法在異中求同。

不過她回答了自己的問題。她看著安靜又滿足的寶寶說：「我想要專心帶喬治。他看起來狀況很好。」「是呀，」我回答。

過了幾個星期之後，珍妮佛帶著喬治和丈夫艾瑞克一起來見我。喬治的體重開始增加了，這樣的成長讓她大為振奮，因此希望丈夫也能跟她一起支持孩子的健康發展。我們在第一次見面就讓她發現喬治跟她之間的連結有多深，而她也向艾瑞克展現出這一點。喬治對父母的情緒狀態非常敏感和易受影響，他在地板上踢著毯子，發出開心的聲音時，親子三人相視而笑。喬治在看完小兒科的六個月後不斷茁壯。珍妮佛的焦慮減輕了，情緒和精神都大獲改善。

與人有所連結可以使生理機能變得規律，防止我們受到壓力的不良影響。《物種起源》（*Origin of Species*）一書的作者查爾斯・達爾文（Charles Darwin）曾在另一本見解過人的著作中，提到情緒表達能力的演化過程。他發現，人類的臉部肌肉系統以及用於控制聲調、聲韻的肌肉系統是生物中最複雜且獨一無二的。由此生物學上的狀況可知，與他人產生情緒連結是我們演化成功的關鍵。

傾聽孩子訴說煩憂需要力氣與耐力。我的瑜珈老師伊拉娜•希高常在撐舉訓練時說：「深呼吸，撐過去。」把這句話用在這裡也有異曲同工之妙。對我來說，用深呼吸度過撐舉訓練是一種象徵，就像在孩子訴說困擾時，我們在傾聽時用深呼吸撐過去。

最近，在我參與的一個育兒小組中，蘇珊分享了她如何理解她三個月大的女兒艾薇莉的困擾。她告訴小組，在經過了幾個月的艱辛照顧後，她放下了「讓她不哭」的強烈渴望。蘇珊允許自己用更長的時間傾聽艾薇莉在哭泣時想表達什麼。在幾次錯誤的嘗試後，蘇珊發現只要她把女兒以臉朝上的姿勢放下，她的女兒就會冷靜下來。艾薇莉在母親分享這個發現時開心地踢了踢腳，又熱情地呀呀叫了幾聲。「這是一種溝通，」蘇珊說，「雖然她其實沒有開口說話。」接著她又說，「溝通的感覺真的很棒。」

我的兒子伊萊在小時候只願意吃三種食物：貝果、香蒜義大利麵和雞柳條。他非常抗拒其他食物，提供新的食物不只會讓他在情緒上崩潰，吃到或聞到某些特定的味道甚至會讓他作嘔。煙火或市集等刺激性較高的場合也會導致類似的強烈反應。在發現他拒絕的食物會引起他生理上的反感後，我們便耐心地順應這個狀況，不再強迫他。

伊萊現在已經十七歲了，他是名成功的演員兼音樂家。最近他在莎士比亞的《亨利五世》一劇中演出皮斯托，這個角色最有名的場景就是被迫吃下生韭菜。伊萊在舞台上乾嘔的表演太過逼真，甚至讓許多觀眾擔心他是否真的不舒服。但觀眾的疑慮很快就煙消雲散了，因為在燈光轉暗後，他立刻在舞台上表演了一段慷慨激昂的獨白。

每當我回想起讓他歷盡艱辛的那些年和那些事時，總覺得自己當時就像是在進行長久的撐舉。我使出每一分力氣，倚靠家人、朋友與我的治療師，一邊深呼吸一邊撐過去，給予伊萊時間與空間逐漸成長。在這段成長過程中，他要設法接受自己獨一無二的弱點，並將孩童時期遇到的難關轉換為長大後的力量來源，我將會在本書中詳述這段過程。

蘇珊在耐心傾聽嬰兒的哭泣後，因克服了艱難而感到喜悅，我和兒子攜手共度難關後也有相同的情緒，我透過這兩件事發現，其實多數雙親都會遇到同樣的難題。我們習慣於在事先迅速解決問題，這種文化創造了一種幻覺，也就是我在行為幼兒科（behavioral pediatrics）應診時常聽到的：雙親應該在「太遲」之前先「有所行動」。我們很難抗拒想要先有所行動的渴望，這需要強大的力量，以及社群——包括其他雙親、家庭、老師、朋友及治療師，在我們舉棋不定時給予支持引導。

短暫的聆聽，就能讓親子關係充滿喜悅

「你所能達到最快樂的程度，與你最不快樂的那個孩子相等。」這句諺語中蘊含真諦。我這麼說並不代表我認為雙親應該把孩子的需求置於自己之上，或者在教養時事事以孩子為中心。我所說的不快樂也不是指錯過派對或課後活動的不開心，而是需要費心對抗的痛苦，諸如難以安撫的嬰兒、因為家庭出遊而多次崩潰的幼童，或是在社交場合中不斷被忽略的學齡孩童。在我們的孩子轉變為成人的路途上，他們會遇到無數令他們殫心竭慮的難關。

在我們的孩子遭遇困境時，我們也會因此感到不同程度的痛苦。最直接的痛苦來自於親子間的緊密連結，因為我們認為孩子是我們的一部分。有一位母親形容她聽到自己的嬰兒在哭時，感覺就像「自己的指甲被人拔掉。」讓孩子痛苦的事物也同樣讓我們感到痛苦。接著，還有認為自己是「糟糕的雙親」帶來的作惡感或羞恥感。若孩子的行為讓我們回想起過去曾經歷過的異常關係，痛苦的程度還會更深。在這種狀況下，身為雙親的我們可能會表現出無法令我們感到驕傲的行為——對我們無法忍受的孩子吼叫或者忽視他。

以佛教的觀點來看，「受苦」其實是每個人都正在經歷的正常狀態，因此孩子遭遇困境時，雙親無一例外都在受苦。若將孩子與我們視為一體，我們就很有可能會將他們的困境視為我們過去經歷的倒影，導致我們更難以辨別他們想要表達什麼。在身為雙親的我們花上一定的空間與時間找人傾聽我們說話後，這種痛苦會逐漸消退。在這種狀況下，我們才能更仔細地傾聽孩子想表達什麼。

許多家庭在年幼的孩子被他人冠上令人害怕的分析結果後來見我。老師、醫師、家庭成員和朋友可能會提到「AOHO」和「焦慮症」這一類的名詞。有越來越多來訪的人擔心小孩有雙極性障礙。我通常會和新來的父母面對面坐下，花上一個小時傾聽對方的故事，我發現外表冷靜的父母心中通常藏著巨大的痛苦。

安琪拉的孩子麥可目前四歲，麥可發脾氣的次數非常頻繁，安琪拉想方設法地試著改善這種狀況。麥可的小兒科醫師與老師認為他可能有ADHD，安琪拉則猜測麥可有可能是太焦慮或者罹患強迫症（OCD）。用餐時間是最主要的戰場，近來由於她太害怕麥克突然發脾氣，所以每一餐都親自餵麥可，一口一口把食物送到他的嘴巴裡。她知道這樣不對，但還是無法脫離這種行為模式。

在初次會面時，我單獨與麥可的父母見面，安琪拉的語氣幹練而實事求是。但當我花時間傾聽她訴說整件事的來龍去脈時，她便因為想起出問題的親子關係而感到難過，聲音也開始顫抖。麥可從出生開始就是個很難照顧的孩子，容易緊張又難以安撫，安琪拉因而陷入了產後憂鬱症。她告訴我，她自己的母親對她「冷漠而疏離」，兩人的關係不佳。她有兩個比她小很多的妹妹，她以前必須負責照顧她們。在形容自己對麥可以及妹妹的感覺時，安琪拉用了同一個詞：「憤慨」。麥可在兩歲時逐漸學會如何說出不要，安琪拉發現自己對此感到憤怒。她哭著告訴我，麥可表現出典型的拒絕（例如拒絕洗澡）時，她會突然表現出激烈的反應，有時候甚至會用力抓住麥可的肩膀搖晃他。她對這種行為感到極度羞恥，但當下的怒氣讓她無法控制自己。

在會面步入尾聲時，我對這個故事作出回饋。安琪拉在照顧嬰兒的這幾年遇到了讓她壓力極大的難關，以至於她難以控制自己的情緒。現在她和麥可每天都針鋒相對，陷入了僵局。我告訴她，或許是她的罪惡感導致她沒辦法好好享受和兒子相處的時間。安琪拉傷心地點點頭。

一周後，麥可和她母親一起來找我，安琪拉開心地告訴我，最近麥可已經可以獨自吃掉一餐份的義大利麵了。「我發現他餓了之後就會吃東西。」我之前並沒有建議她怎麼做。在這次會面的一小時中，我提供一個舒適的空間，以不帶批判的態度傾聽，並支持她為了傾聽麥可所做的努力。她的悲傷、罪惡感與羞恥讓她變得虛弱，但她藉由前次與我會面時的談話減輕了這些感覺，加之找到了負面情感的源頭，因此，現在她慢慢開始享受與孩子相處的時光。麥可一旦和母親建立正向連結，他就不再需要於進食時抵抗母親，慢慢恢復了應有的胃口。

恐懼依然伴隨著安琪拉，她帶了一個色彩鮮豔的點心袋來。「他在學校沒有吃午餐。」她解釋。但在她把點心袋拿給麥可時，麥可因為已經在玩了，便拒絕進食。我明顯觀察到安琪拉的身體因被拒絕變得緊繃，但她在整個會面過程中都克制住了這種感覺。會面將要結束時，我們開始收拾整理，麥可在最後一分鐘說他想要吃點心，他特別提到他想現在就在這間辦公室的小桌子上吃。安琪拉用探詢的眼神望向我。雖然吃點心會讓這場會面多延長幾分鐘，但我還是點頭答應了。我能感覺到，母子兩人都想和我分享他們成功跨出這一步的喜悅，這一步雖然只是成長的第一步，卻意義重大，這一步將引導母子兩人的關係進入另一條不同的路途。

最近有一項研究以這樣的標題被廣為流傳：「孩童的挑食行為與焦慮、抑鬱及ADHD有關」。該研究認為「挑食」與作者所謂的「精神病理學的症狀」相關，在我看來，這是在遇到問題行為時以不成熟的方式貼標籤，而且這已不是第一次了。雖然挑食有可能代表行為偏差，但在上述的故事以及本書的其他故事中，抗拒進食有可能是孩子表達痛苦的方式。知覺敏銳度以及出問題的人際關係通常也會影響進食方式。我們可以藉由釐清進食方式所代表的意義解決問題。若我們武斷地把進食方式認為是「失調」的徵兆，就有可能會錯失溝通的良機。傾聽孩子與家庭能有機會讓雙方間的關係變得健康，若麥可的狀況被直接認定為行為問題，或者在未曾傾聽的狀況下就在他身上貼上標籤，麥可與食物及母親間的關係有可能會變得更加令人擔憂。

一般而言，短暫的聆聽就能讓人際關係出現顯著的改善。我不認為每位父母都一定要找專家諮詢才能讓小孩健健康康地成長，但我相信每位遭遇困境的父母和孩子都需要被傾聽。當雙親與孩子都覺得有人傾聽自己、認同自己後，他們才能重新在彼此的連結中得到真正的喜悅。幼童的大腦正不斷成長與改變，因此他們改變的速度很快。對較大一點的孩子與遭遇較痛苦的孩子來說，他們需要更多時間。

「在我們之中，很多人已經失去在家庭中傾聽以及用愛溝通的能力了，」一行禪師曾提到，「很可能已經沒人具有傾聽的能力了。因此我們在家庭裡變得非常孤獨……這種傾聽不是為了批判、挑剔、責難或評價，這種傾聽的目的只有一個，那就是幫助他人減緩苦難。」

一旦父母有機會能夠理解或找出孩子某些行為背後的意義，他們通常會自然而然地知道下一步該怎麼做。一般而言，孩子的行為不會是失調的徵兆，而是一種溝通方式。理解這種溝通方式能重建親子間的連結。

傾聽，是人際關係的黏著劑

我希望這本書能給予正努力維持長期傾聽的父母與專業人士一點支持。長期傾聽——長達幾周、幾個月甚至幾年，能提供孩子成長的良機。本書中的故事多數來自我在診所中的經驗。然而，相較於讓家庭與孩子必須求助於心理治療的困擾，養成傾聽的習慣才是最重要的。

我們的文化充滿了診斷標籤與精神科藥物，我們漸漸不再重視人際關係。人際關係在經驗領域中的重要性遠大於在心理健康中的重要性。普遍來說，無論在家庭、學校或社群中，人們會對傾聽所花費的時間與空間錙銖必較。但我們都因為不再重視傾聽付出了代價。

這並不只是在心理治療與藥物治療間做出抉擇這麼簡單的問題，關鍵在於說出自己的故事。出版此書並不是為了反對藥物治療，而是為了提供警世故事，讓大眾知道忽略傾聽產生的後果，希望人們能了解，若我們能將時間與空間用以活在當下、治療我們與他人的關係以及連結，會對我們產生多大的益處。

本書第一章的主題是傾聽的力量，第二章是人們如何低估傾聽的重要性。第三章是父母及孩子都應該在孩子的嬰兒期就開始預留傾聽的時間與空間，因為孩子的大腦在嬰兒期成長與改變的速度十分迅速。在幼童早期，大腦每秒能形成的連結多達七百個。另外，讀者也會在第三章看到，互相支持的新任父母與嬰兒能提供下一代更好的發展與恢復力。我會在第四章將傾聽是一種預防這個概念加以擴大論述。及早接受傾聽的孩子與父母能夠預防疾病的產生，並且打下健康成長的基石。

第五章的主題則是珍惜時間以及注意物理空間對於預防及有效治療的重要性。接著，我會在第六章列出導致精神科診斷與藥物治療取代傾聽的因素，包括健保與製藥產業的影響，以及教育系統帶來的壓力。在第七章，我會解釋社會中抵制傾聽的力量為什麼會變成一種對孩子的偏見。

最後一個部分，我會詳細列出在我們預留了時間與空間後，我們能擁有那些不同的傾聽方式。第八章的主題是傾聽身體的重要性。我會闡明創造力在復原過程中扮演什麼角色、如何讓孩子有時間與空間發展與生俱來的創造力，以及行為與眾不同的孩子為何需要創造力的輔助。第九章的主題是孩子會把無法跨越的悲傷轉變成「行為問題」。在這章中，我將描述父母在擁有時間與空間表達並跨越某些非常深沉、甚至被埋葬的悲痛後，他們會如何恢復。最後，在第十章，我會讓讀者看到診斷與藥物治療的確定性會如何讓人放鬆，而這種確定性是危險的。與之相較，在傾聽的過程中忍受不確定性能帶來益處，傾聽能讓人從想像與未知的角度觀看故事逐漸嶄露。

第 1 部

即將失傳的藝術

第 1 章　孩子的行為，是企圖與你溝通的信號
第 2 章　被貶低的傾聽

第1章

孩子的行為，是企圖與你溝通的信號

曾任職小兒科醫師的心理分析學家溫尼考特（D. W. Winnicott）在著作中強調過，孩子的雙親（當時他寫的是母親，因為在他那個年代幾乎只有母親在照顧小孩）天生就會知道什麼對孩子是最好的。「任何母親都能達到最基本的照顧需求。不認同上述事實的理論，我一概不接受。」他在「建議父母」這篇標題反諷的文章中表示，一般診療會在尚未傾聽完整故事時就給出建議，我們應對此有所警覺。

我們的文化中充滿了「如何做」以及各種「專家」的意見，這種文化本身就阻礙了傾聽，同時在不經意間降低了父母與生俱來的影響力。在一次的電台節目上，一名在大型教學醫院任職的兒童精神病醫師負責採訪我，他在節目中提及了他寫下的「父母訓練管理」清單，提供了在當代非常主流的一種觀點。他主張父母「從沒有被教過」而且「不知道該怎麼養育孩子」。

預防孩子心理狀況出問題的方法之一，父母必須先認知自己在承受壓力時會阻礙自我的直覺反應。壓力有很多種形式，常見的包括嬰兒哭鬧帶來的壓力，以及在步調極快的文化中，在沒有廣大家庭成員的支持下同時處理好家庭與事業帶來的壓力。壓力也可能來自於更複雜的問題關係，例如父母間、手足間以及世代間的關係。他們並不是不會養育孩子，只是肩上的壓力或者過去的負面模範壓抑了他們與生俱來的能力。能夠說出「我不想要讓查理的成長方式和我以前一樣」這句話的父母並不需要專家的建議。他們需要的是增進自信心，相信自己的直覺。我的目的是在父母付出努力時支持他們，讓他們從自身以及孩子身上找出養育孩子的方法。

溫尼考特在他的文章中提到：「我不希望將這種態度無限擴大。」我也和他抱持一樣的態度，我認為具備較多經驗及知識的人提出的建議有時的確對父母有幫助。在許多文化中，扮演這個角色的人常常是祖母，不過美國有許多母親並不會向祖母尋求建議。

記者珍妮佛・希尼爾（Jennifer Senior）在她的著作《你教育孩子？還是孩子教育你？》中提到，在為了該書做調查時，她詢問許多父母他們在需要協助時會向誰求助，沒有任何一對父母提到自己的母親。這種現象的原因或許不一而足，但一旦父母與祖母間的關係破裂，或者祖母住在很遠的地方甚至過世了，父母就失去了能取得建議的其中一個渠道。我有一位兼任幼兒園老師與體操教練的同事，她建議我可以使用「教練」這個字。她向我解釋道，教練該做的是針對運動員的特質，在教練能力所及內提供最大的支援，而不是制定一套成功的標準流程。問題來自於人們在給予建議、訓練或指導時，時常沒有時間與空間傾聽完整的故事。

進入診療室的父母常讓我覺得他們像是坐在蹺蹺板上，他們一下子擔心「這是我的錯」，一下子恐懼「他出了什麼問題」。善意的安撫言詞會產生反效果，父母會馬上轉而認為「我一定有什麼問題」。罪惡感與恐懼在他們心中來回交替，有時甚至會陷入恐慌。這些父母擔心自己的家庭會經歷這種難關是因為他們是「糟糕的」父母。

溫尼考特提出了「夠好的母親」這個觀念，我發現這個觀念能幫助許多父母順利與孩子建立不同於以往的關係。「夠好的」父母並不完美，但卻是一種禮物。事實上，正是不完美的父母讓孩子能健康成長。他們讓成長中的孩子獲得克服崩潰的經驗，並在這條道路上學會面對生命中無法避免的失望。溫尼考特在書中提到：

夠好的「母親」（並不一定要是嬰兒的親生母親）會主動順應嬰兒的需求，隨著嬰兒忍受沮喪的能力增加……此種主動順應會逐漸降低……若一切順利，嬰兒會從遇到挫折的經驗中獲得成長。

成為父母後，必然會感到沉重的罪惡感，接著很有可能會覺得自己受到指責。孩子身上的標籤可以減低這種罪惡感。但拒絕孩子被貼上診斷標籤的父母有可能會被他人認為是在否認孩子生病的事實。這種負面的語言容易導致敵對關係。從比較樂觀正面的角度思考，或許就能將罪惡感轉化為責任感。「我有罪惡感。」也可以代表「我有責任感」。不帶批判的傾聽能幫助父母將手足無措轉為負責任的行動。

我以此種態度傾聽過上百個家庭，許多家庭表現出顯著的成長，家庭關係與溝通能力也提升到更好的層次。然而，有些家庭在踏上尋找意義的路後，就再也沒有回來了。我沒辦法一一釐清每個家庭不回來的理由，但有些原因總是反覆出現。若崩潰是在多年以前發生的，「夠好的母親」這個概念有可能不足以消除他們的罪惡感。有時家庭、朋友、老師與其他人都認為孩子應該去診斷是否失調，這種社會壓力有可能會讓父母感到難以承受，因而沒有耐心探究原因。我偶爾會在多年後聽說某對夫妻離婚了，一個「問題」兒童的背後可能是一個出了問題的婚姻。我有可能在還不了解完整的故事前，就對不知該如何是好的父母提供了意見。也有可能是我們都太急於挖掘埋得太深、太痛苦的問題。

了解孩子的真我，別急著貼標籤

一個人的生命故事並非起始於他五歲、兩歲或是六個月大的時候，而是從出生時開始，或者你也可以說在出生前就開始了。每個人在生命的最初，也就是在嬰兒時期，就需要被他人了解。沒有人會比嬰兒的母親更了解他了。

——溫尼考特

當父母開始擔心「我的孩子是不是出了什麼問題時」時，我會試著重新架構這個問題，將重點轉移到溫尼考特的另一個概念上：「真我」。在「夠好的母親」理解了孩子的感受，並協助孩子理解這些感受後，孩子的真我便會開始慢慢浮現。來自其他關係的壓力、恐懼、罪惡感與問題可能會阻礙孩子理解這些感受，阻礙孩子明白他的行為來自於自身獨一無二的力量與弱點。

我不會和詢問「出了什麼問題」的父母一起探究這個問題，我會建議他們花一點時間，想想看孩子表現出這些行為的可能原因，從孩子的角度思考他為什麼這麼做。我發現父母在得到傾聽的機會，接著轉而傾聽孩子想表達的事後，多數父母便不會再想替孩子貼上失調的標籤了。

然而，我們的健保以及教育系統是這條路上的巨大路障。父母有可能因為需要診斷來維持某些服務，開始朝著貼上標籤的方向走。有些人像瘋了似的覺得必須替問題找到名稱，如此一來，他們才會覺得這件事算告一個段落。我在本書敘述的每一個故事都絕對需要指導。千萬不要落入了思維的陷阱，以為孩子不會有失調的症狀或者家庭不需要幫助。

將「疾病」與「正常」完全切分開來是一件不正確且可能帶來傷害的事，為了讓父母了解這點，我會在診療過程中指出每個人幾乎都有不太一樣的「適應反應」。我會依照診療的時間收費，但其實診療時我大多都只是在傾聽。有一位讀者在我的部落格留言：「我希望你花時間與空間傾聽不會導致診療時間延長。」我們都沒有注意到，其實傾聽就是治療，對成長中的孩子以及他的家庭來說更是如此。

安德魯・所羅門（Andrew Solomon）在《背離親緣》一書中揭露了許多家庭接受家裡與眾不同的孩子的過程。他提到，人在讓自己變得更強壯以及讓自己康復的過程中付出的努力能帶來成長，這是有必要的。不幸的是，我們的健保與教育系統不斷逼迫父母與專家往反方向走，要求他們注意孩子是不是「出了問題」。瑪莉和連恩的故事是個極佳的例子，在一位母親努力想要理解孩子的經驗時，提供她時間與空間的支持，就有可能讓她的孩子找到溫尼考特所說的真我。瑪莉一度認為三個月大的連恩有自閉症。她覺得無法與孩子建立連結。連恩是瑪莉的第三胎，他與三歲大以及六歲大的哥哥有非常明顯的差異。他的哥哥在剛出生幾個月時都有腹絞痛的症狀，但大一點之後很快就變成活潑又多話的孩子。但連恩則與他們相反，他從出生開始就很安靜，在產房出生後甚至都沒怎麼哭。雖然醫生再三保證沒有問題，但瑪莉從那時就開始擔心「他是不是有什麼問題」。幾週過去了，連恩依然安靜，此外，瑪莉覺得他們親子之間似乎沒有建立連結。瑪莉會將臉湊到他面前，試著吸引連恩看向她的臉龐，並希望連恩視線能停留在她臉上，但她很少成功。她在這幾周變得越來越緊張，也越來越努力地嘗試。

我們有一整個小時的時間可以對談，我和她一起坐在地板上觀察連恩，我試著靠講話和盯著他的臉吸引他的注意，接著立刻發現他的表情幾乎沒有變化。他的焦距顯然不在我身上，可能是在看天花板上的燈，也有可能在看別的事物，這時，我發現瑪莉開始變得擔憂。我壓下心中同樣擔憂的情緒，對她說：「我們再給他一點時間。」

連恩躺在毯子裡，一開始，他好像在不斷來回打量這間房間，我不斷輕聲對他說話，發現他吐了幾次舌頭，於是我模仿他的動作，他漸漸被我吸引住了，瑪莉也注意到他似乎對我的模仿有反應。我們注意到他的行為正在改變，雖然緩慢，但很明顯。這個房間安靜而平穩，與他日常生活的嘈雜環境不同，他逐漸打開了緊閉的蚌殼，首先是一個微笑，一開始，他似乎只是隨機勾起嘴角，之後漸漸地轉為回應我的笑容。

瑪莉也像我一樣輕聲對他說話，她不再像之前一樣把臉靠近連恩，而是以對我對話的態度說話。連恩變得越來越活潑。我和瑪莉都鬆了一口氣，開心地發現他不只會看向母親的臉，視線也會隨之移動，而且也會在瑪莉對他說話時咕噥著發出聲音回應。他一邊踢腳一邊揮動手臂，顯然覺得很高興。

我們都對這個小傢伙非凡的溝通能力感到驚奇，猜想他或許十分敏感，家中兩個哥哥不斷帶來的繁雜外界訊息可能是他個性安靜的原因。其實他十分注意外界，但他只是比較不喜歡「貼臉」的舉動，而他對外界充耳不聞，是他正在以自己的方式適應這個世界。

瑪莉與連恩的經歷是一種錯誤溝通，就像在跳舞時踩到了腳趾。連恩越無法建立連結，瑪莉就越急切地想要引起他的注意。直接認為孩子出問題是錯誤的模式，這會使孩子錯失成長與康復的機會。無論是瑪莉還是連恩都沒有「出問題」。他們只是需要學習新的舞步。在安靜的空間及時間的輔助下，瑪莉發現她的努力可能會讓敏感的連恩覺得受到困擾。因此在她越來越緊張，並更努力與連恩互動時，連恩便越來越退縮。

瑪莉覺得鬆了一口氣，但還是覺得有一點擔心。她沒有理解孩子表達的意思是否會對孩子造成傷害呢？我指出我們剛剛很輕易就吸引了連恩的注意力，他正處於願意與人溝通的狀態。顯然瑪莉剛剛做的事是對的。現已有研究支持溫尼考特提出的「夠好的母親」此一觀點，研究指出，就算在嬰兒表達意思時，有七成都被父母誤解也沒關係，只要父母最終能夠辨認出他們誤解的訊號並修正態度，孩子就能健康的成長。

一個月後我再次看到他們，瑪莉開心地告訴我連恩與家人間發生的趣事。連恩現在是個可愛又開心的嬰兒，瑪莉每天都會花一段時間安靜地陪伴連恩，這讓她覺得自己越來越愛連恩了。她對才四個月大的小嬰兒就會表現出獨特的人格特質感到十分驚奇。先前的「關係破裂」反而讓瑪莉和兒子變得更加親密。

孩子的行為，會呼應父母的過去

在我還是醫學院的學生時，我曾有幸在康奈爾醫學中心替現已過世的寶琳娜・肯柏格（Paulina Kernberg）代課，她是一位出色的兒童精神病醫師兼分析師，我去代課的課堂主題是兒童發展，學生則是兒童精神病學研究者。其中一名研究者把他九個月大的兒子帶來當作實驗對象。他當時成功後的喜悅讓我直到現在還覺得歷歷在目。我認為兒童發展是一種目的強烈且明確的奇蹟。

無論是在嬰兒期、青少年期或者介於兩者之間，當孩子遭遇到無法突破的困境時，他的發展便會脫軌。用上述的比喻來說，若希望把脫軌的火車帶回到正軌，我們必須回溯到最一開始。故事必須從頭說起，如此才能釐清脫軌的地點以及原因，引導孩子重新往健康的方向發展。傾聽讓人得到從頭說故事的機會，讓故事得以被聽見。

成長是孩子的故事。說故事對父母來說也一樣重要。有些人的生命故事一直很單純，直到有了孩子後，整個故事就陷入了混亂。一名身懷獨特特質與需求的全新個體出現在故事中，導致故事變得截然不同。父母之間的關係、父母與過往生命中遇見的人，這些人際關係都會在他們成為父母的階段出現巨大轉變。

成為父母後必須做的事多得嚇人，導致父母通常沒有時間好好思考。當遇到「行為問題」——例如腹絞痛、睡眠問題、分離焦慮、行為暴躁和其他年輕家庭常遇到的問題時，父母或許會因為太專注於如何度過每一天，導致沒有時間理解到底發生了什麼事。我們的文化提出了一大堆吸引人的意見，建議父母該怎麼做，這個階段的父母很容易受到影響。但有時花時間說出故事才是問題的解決之道。

想把孩子健康養大，父母要先懂得如何保持冷靜，及時對發生的事做出反應，不要讓過去的經驗影響你。若是你沒有察覺到孩子的行為和你的過去相互呼應，你就很有可能會被自己的過去影響。你要先了解自己的故事，才能與孩子一起活在當下，讓孩子的真我浮現。

被傾聽的孩子，長大後更勇於探索世界

傾聽在演化上具有重要意義。每一個世代都會把生存所需要的知識傳遞給下一個世代。在所有生物中，只有人類知道自己及他人的行為是在表達自身潛在的感覺，因此人類能夠傳遞知識。孩子在覺得有人傾聽自己並理解自己後，會發展出心理分析學家彼得・弗納吉（Peter Fonagy）所謂的「知識型信任」（epistemic trust）。他將這個概念定義為「個體願意審視他認識並信任的平凡個體所提供的新知識」。換句話說，別人如何傾聽成長時期的我們，會深深影響我們如何取得有關於我們自己、別人及身邊世界的知識。孩子向他們信任的照顧者學習他們該聽從誰的話、該學習那些重要的事。他們藉此學會思考自己的感受與行為，也學會理解別人的動機與意圖。

想要讓孩子有能力在越來越複雜的社會中成長，傾聽並關心他們是非常重要的事。在幼兒時期是否有被傾聽的經驗，會影響孩子的思維變通性以及對新想法的開放程度。相反的，若孩子在成長過程中缺乏開放性與信任，他們有可能較抗拒新

知。上一個世代有可能會把缺乏知識與技巧的特性傳給下一個世代，並世世代代傳承下去。

弗納吉提出這項理論的數十年前，約翰・鮑比（John Bowlby）等人率先提出幼年時期的人際關係在演化上的重要意義，鮑比在著作《安全基礎》（*A Secure Base*）中也提到，有人關心與傾聽的孩子有可能「在探索世界時較獨立、較勇敢，擅長與他人合作，並且十分重要的是，他們具有同理心，願意幫助遇到困難的人。」而這正是我們之中多數人希望我們的孩子與下一個世代所具有的必備特質。

第2章

被貶低的傾聽

大學校園中的憂鬱症案例與自殺案件越來越多，一名學生表示，在她第二次試圖自殺後，有一名學校的行政人員在探望時問她：「你以後就要一天到晚搞這套了，是嗎？」他拿出了一張名片給她。

我診療的病人中也有類似的例子，一位母親在兒子伊凡進入大學的第一個學期間，因為擔心兒子的精神狀況而打電話到學生緊急支援服務的中心。在對話了五分鐘後，接電話的人告訴她：「我們可以替你預約精神科醫師，確認他是否需要藥物治療。」

美國社會中有許多重要的力量都在不斷削弱傾聽。每當有孩子遇到某些特定的困難時，這些力量就會浮現到檯面上，家長會發現自己聯絡的管理系統只能提供行為管理、父母訓練和越來越多的診斷標籤與藥物治療。這種處理方式會不斷減少傾聽所需的空間與時間。

對某些缺乏藥物治療就無法正常生活的人來說，精神科的藥物治療是有效且必要的。藥物治療可以減輕病症，避免病人的行為或情緒嚴重失序，也可以進而使病人得以利用其他心理治療方法，包括以關係基礎的心理治療以及自我調節的活動，例如瑜珈、音樂或冥想。但現在使用藥物治療的方式卻與上述狀況大不相同。由於藥物治療可以在短期內有效地解決煩惱，是非常具有吸引力的，活在步調極快的美國文化中的人更是覺得難以抵抗，

二〇一三年疾病管制中心的調查顯示，在一個月內有服用精神科藥物的青少年中，有將近百分之五人的人都已經一年沒有去看過心理健康專業人員了。這也就表示我們漸漸習慣了在藥物治療時不去在意感受，也就沒有機會更深入地了解自己，但了解自己才是能讓我們得到真正治癒以及持續成長的重心。

新英格蘭醫學期刊成人與孩童的精神科藥物治療其實一直存在爭議，這裡說的藥物不單指抗憂鬱藥物，還包括了興奮劑與不斷增加的抗精神病藥。「藥物治療有用嗎？」「安慰劑效果所扮演的角色是什麼？」「長期使用的副作用為何？」「我們是不是應該要怪罪藥廠？」《新英格蘭醫學期刊》（The New England Journal of Medicine）的前任編輯瑪西亞·安卓（Marcia Angell）針對此議題在《紐約書評》（The New York Review of Books）上發表了一系列文章，她提到：精神藥物似乎可以解決生命中的所有問題，但我們對於精神藥物的過度信賴會刪去其他選項。有鑑於藥物的長期影響會造成諸多風險與問題，我們應該要更加謹慎。

安卓呼籲我們要「重新考慮如何照顧面臨困境的孩子」。兒童使用精神藥物這件事比成人使用精神藥物還要嚴重得多，兩者的本質截然不同。問題不只是心理治療和藥物治療的相對優點，也不只是可能產生的嚴重副作用。而是如安卓所說的，問題在於使用精神科藥物治療孩子時，我們少做了哪些事。

了解孩子的困境，幫助他們處理壓力

我曾在我的第一本書《將孩子放在心中》（*Keeping Your Child in Mind*）裡提到，有大量研究顯示，只要照顧者對孩子的行為背後的意義作出回應，而非回應行為本身，就能讓孩子擁有控制情緒的能力以及健康的心理狀態。在孩子遇到生命中不可避免的壓力時，我們應該去了解孩子的困境，能讓他們發展出適應能力，而非一味想要消除困境。

若父母沒有提供孩子親情的支持下，讓他們學習如何處理壓力，反而「處理掉」孩子的「症狀」或者以不斷增強劑量的藥物治療解決壓力，就有可能會導致孩子大腦中負責情緒控制的區塊發育不完全。事實上，大腦與人際關係息息相關。孩子與能理解他的感受且值得信任的照顧者一同調控自己未成熟的能力時，會讓大腦中負責情緒控制的區塊開始發展。

生命中的挑戰會越來越多，若孩子只靠逐漸增加的診斷結果與越來越多、越來越複雜的藥物來對付這些挑戰，他們可能會開始覺得自己本就應該被這些精神失調症狀以及藥物定義。這對於青少年以及更年輕的孩子而言並不罕見，他們接受診斷，開始藥物治療，在面對發育期間的巨大變化時依舊持續服藥。持續用藥物控制行為有可能會妨礙心中逐漸浮現的自我意識。

法蘭辛・拉佩茲（Francine Lapides）在她所教授的課程「隨時記得大腦」中，將心理治療師比喻為「腦神經建築師」。若治療師能仔細傾聽且理解病人感受，就能在治療過程中讓病人的大腦發生變化，改變病人遇到壓力時的反應。改變大腦中的生化結構可以讓病人學會思考自己的感覺，學會應付困境。父母是最先出現的腦神經建築師。在孩子遇到傷心、緊張或者行為失控的困境時，若父母能「將注意力集中在當下」，就能幫助孩子理解自身的強烈情感，並加以掌控。父母自己也需要他人的支持，如此一來他們才能理解孩子的感受，進而以能夠促進健康情感發展的方式陪伴孩子。

用藥物治療孩子心理的現象逐漸氾濫

藥物治療變得越來越廣泛，因此從根本上改變了心理健康照顧的狀況。我們姑息藥物治療單獨存在，不再搭配以人際關係為基礎的治療。一項近來的研究顯示，大多數診斷與治療ADHD病症的小兒科醫師會在沒有搭配任何社會心理支持的狀況下，替將近百分之九十的病患進行藥物治療。

我們使用藥物治療，但卻缺乏時間進行以人際關係為基礎的治療，這導致願意傾聽以及增進人際關係的專業人士在文化方面與財務方面都受到貶低。這種態度以及財務方面的不利因素讓合格的專業人士變得越來越少見。

小兒科醫師能和孩子以及家庭維持穩定的關係，他們是最適合做預防性干預的角色，但他們卻無法花時間傾聽。雖然我們在本書中一再看到一個小時的傾聽能事先預防大量問題，但在現行的保險給付制度中，診所的基本醫療臨床醫師必須在每個小時診療四到六名孩子，才能賺到足以維持診所基本營運的收入，他們沒辦法在每個家庭上都花一個小時傾聽。

社工與心理學家等專業人士能提供以人際關係為基礎的治療，讓病人能理解自己的感覺，但保險公司卻不斷減少這些專業人士的保險給付金額。同時，健康保險產業又要求他們更努力地滿足更多的申請給付的條件，因此越來越多專業人士不再參與保險計畫。有需求的家庭必須費盡精神地尋找接受保險的診所。藥物可以取代人，因此，藥物的存在與合格心理健康專業人員的短缺是密不可分的。能夠傾聽的合格專業人員變少了，剩下的專業人員就必須承受極大的壓力。我們越來越難以找到有時間與空間能傾聽、能增進我們康復能力的人了。

伊凡已在我的診所接受診療多年，一天，他的母親打來告訴我她和大學的緊急支援服務的對話。伊凡一直以來都很容易緊張，但在上大學之前，他並未因此受到太大的影響。他在上大學後開始進入發展階段，遇到了困難。我沒有開立處方藥物，而是介紹了一位治療師給他。我很幸運地認識一位優秀的同行，剛好有時間能替他診療，而且還能接受他的保險給付。她幫助伊凡認識了自己的恐懼。

伊凡進入大學的第一年冬天過得很艱辛，她的母親在打電話給我之後，又說了一些伊凡的狀況。伊凡的父母知道我必須遵守保密原則，不能透漏我和伊凡之間的互動，他們只是想要傾訴他們的經歷。他們在講電話時發現，在伊凡感到緊張時，若他們能克制自己擔心且想要「修復」問題的感覺，不要插話提供意見，而是靜靜傾聽他說話，伊凡就會出現明顯的改變。他的呼吸速度會慢慢減緩，變得平靜，能夠再次冷靜地思考。

伊凡的大學第一年生活結束後，我再次與他對談。他在夏天歡欣鼓舞地回到家裡。他的成績很好，更重要的是，他度過了艱難的時期，抵達了彼岸。他找到了全新的力量，因而滿心歡喜。我、伊凡的治療師與父母都傾聽了伊凡和他父母所說的話，讓伊凡有機會恢復並成長。

身為父母，我們很容易在孩子遇到困境時陷入恐慌。我們之所以會想要「在太遲之前有所行動」，是因為我們心懷深刻的愛與認同感。然而，若我們能先暫停一下，放慢速度，就能透過仔細傾聽將孩子引導回健康的道路上。對於伊凡的父母來說，伊凡在情況糟糕時打來的夜半電話總是讓他們很難不陷入恐慌，他們擔心「他出問題了」。他們想著是不是要遵從緊急支援服務處的工作人員的建議，把伊凡送去給精神病醫師診斷。但他們最後從朋友、家庭與彼此身上得到了幫助。他們替自己創造了溫尼考特所說的「支持環境」，在這樣的環境中認識並包容自己的感受。因此，他們才能接著提供伊凡足夠的空間克服困境，找到屬於他自己的力量。

拉佩茲精確地指出長期心理治療的傾聽能改變成人的大腦，而這種改變對於兒童來說更加容易，因為他們的大腦正在快速發展與改變。他人的支持可以改變兒童的大腦，但若單獨用藥物治療症狀，就有可能讓他們錯失這樣的機會。問題不只在於過度藥物治療，更在於缺乏傾聽。

伊凡的故事讓我們看見適應能力的必要性。伊凡的父母有時會失去冷靜，尤其是在半夜接到電話的時候。等到他們獲得足夠的睡眠並重整思緒後，他們會向伊凡坦白自己當時的感受，告訴伊凡他們那時並不在最好的狀態。他們和伊凡一起設下了半夜電話的限制，預留時間，在彼此都頭腦清楚的時候談話。伊凡和他們建立了安全而穩固的關係，他們不會試圖掌握一切事物，只是在伊凡對抗恐懼時陪著他。伊凡最後不只了解了自己的感受，也認識了全新的自己。

在現今的環境下，伊凡當初有可能在沒有機會了解自己的情況下輕易取得藥物。短期來說，藥物能避免遭遇困境時的絕望與痛苦。他可能還是可以拿到好成績，但這種成功與藥物密不可分，沒有空間讓他發現困境背後的意義。引導伊凡成長並獲得新力量的正是困境。

幫助孩子處理情緒，不受焦慮控制

我在好幾年前曾聽過一個當地「ADHD專家」的演講，聽眾都是小兒科醫師。那時基本醫療診所受到很大的限制，那場演講的目的是教導我們使用ADHD評估「重點在於分數量表，」他說，「要訓練員工能拿出正確的量表。診斷孩子的關鍵在於讓他們提前把量表做完。辦公室裡什麼事也沒發生。」那名醫生非常驕傲地拿出他主要用的量表——范德比爾特量表，他把量表分成兩個階段，因為「孩子在不同時段會表現出不同症狀。」ADHD的評量與治療大多都是在診所完成的，而ADHD同時也是診所診斷出來的，孩子在完成了初級分數評量後，診所就要決定是否開藥，一旦確認開藥，就要每個三月回診一次，依照症狀與副作用調整藥量。

在一般小兒科看診將近二十年後，我從一位很棒的醫師那裡承襲了「ADHD診療」，我從那時開始發展出一套我自己對於診斷標籤與精神科藥物的標準。那位醫師總是笑著抱接嬰兒，讓人印象深刻，從來沒有對任何人說過一句不客氣的話。他本來是一般小兒科醫師，退休後就只診療「ADHD病患」，而後因為一場可怕的意外驟逝，他的病人對此感到極為震驚。一位同行問我是否能夠接手他的診所。出於對他的忠誠，我同意了。

接手後，我得知他大約有一百七十位病人，每隔三到六個月會與病人進行一次三十分鐘的會面。這在小兒科中是非常標準的治療方法。但我認為，我必須在替這些孩子開立精神科藥物之前，先了解他們的生命歷程。我很幸運能在柏克夏精神分析研究所研讀精神分析與當代發展科學。這些經驗讓我能放寬視野，發現傾聽所需的時間與空間有多高的價值。

孩子表現得不好時，我更會試著放寬視野。舉例來說，在孩子的學校成績不好時，我不會只專注於調整藥物的劑量，還會試著找出其他可能會造成成績不佳的因素。這種做法有可能會揭露出某些更難以克服的問題，像是複雜的家庭衝突。有些家庭會因此而怒氣沖沖地離開。「我們以為你是要會重新評估強尼的狀況，然後重新開立處方藥。」

不過，若能讓家長得到適當的空間與時間，他們常會在診療接近尾聲時透露出非常重要且出乎我預料之外的訊息。一位幼稚園老師將五歲的麥斯介紹到我的診所，並暗示他的父母麥斯可能需要藥物治療。麥斯從三歲開始就有行為失序的狀況，但一直到現在五歲了才開始影響到他的學習能力。他們擔心麥斯可能會沒辦法就讀一年級。他的父母和老師填寫了標準測量表，麥斯的分數顯示他很有可能有ADHD，因此我該問的問題是：他是否有達到ADHD的診斷標準？若有的話，是否有需要使用藥物治療？

與麥斯的父母辛西雅和羅伯會面時，他們描述的狀況是非常典型的ADHD症狀，他們在家要花很長的時間和麥斯搏鬥才能完成一些很簡單的日常事務，例如在麥斯上學前替他換衣服。我在會面進行到一半時問起了兩人以前的經歷。「你懷他的時候狀況怎麼樣？」他們兩人愣了一下，對看一眼。「我其實不是他的生母。」辛西雅說。

現在輪到我愣住了。我震驚於自己竟然在評估的後期才得到這麼重要的訊息。

辛西雅和羅伯布情不願地告訴我，麥斯的生母是羅伯的前妻，她得了嚴重的精神疾病，只斷斷續續參與麥斯的一小部分人生，並在兩年前消失得無影無蹤。他們向我保證，麥斯從來沒有提起他的母親，這件事並不重要。

「你若是提問，就只會得到答案——幾乎不會得到答案以外的東西。」這句知名的格言來自匈牙利心理分析學家麥可・巴林（Michael Balint）的著作《醫生、他的病人與病痛》（*The Doctor, His Patient and the Illness*）。他在二戰後期與一群基本醫療醫師在倫敦看診，將看診經驗集結成此書。他們的病人大多都有複雜的心理創傷症狀，巴林將醫生的存在作為治療方法，支持病人的努力。他提到：「我們在討論之下很快就發現……目前為止，最常在一般醫療中用到的藥物就是醫生本身。」巴林鼓勵醫師認真傾聽病人，不要只為了做出診斷而提問。

我同意藥物治療對麥斯會有幫助。不論他為什麼會有這種行為，興奮劑類藥物都可以在短期內有效減緩他注意力不集中與過動的症狀。然而，基於麥斯的父母對我身為小兒科醫師的信任，我告訴他們，失去母親對麥斯的影響很大，他們必須正視這件事。我推薦一名心理治療師給他們，他們接受了。我很幸運能找到一位能力卓越又能接受他們的保險給付的同行。他告訴他們，小孩的確會感到悲傷，並要求整個家庭和他一起處理這項痛苦卻十分重要的任務。

《精神疾病診斷與統計手冊》（*Diagnostic and Statistical Manual of Mental Disorders*，簡稱DSM）是現今作精神疾病診斷的基本工具，被稱作「精神病學聖經」，但該書的結構也在遏止傾聽。這本書創造了一種循環推論，用症狀定義精神失調，又指出病人擁有某症狀是因為病人罹患精神失調。美國現今的心理健康醫療系統著重於「症狀」而非「原因」，只看到行為，而忽略了行為背後代表的意義。

美國精神醫學學會（American Psychiatric Association）最近發行了一本刊物，用以評估臨床醫生對於新DSM-5（最新版的「聖經」）的了解程度，該刊物正是上述問題的極佳例子。書中用兩個例子介紹了現今診斷焦慮症會用到的類別，一個是越來越恐懼離家的六十五歲女性，一個是越來越恐懼飛行的三十五歲男性。書中列出了各種焦慮症的類別，包括最新型的「社交焦慮症」，接著要求讀者從這些類別中選出這兩個例子罹患焦慮症的「成因」。書中另一個循環推論的例子是用某種精神失調的標籤定義某種症狀，又指出該精神失調是症狀的成因。

這套治療方法讓心理健康專業人員更加無法傾聽。心理學家強納森・薛德勒（Jonathan Shedler）曾提到，他在一位任職四年的住院醫師向他報告一個案例後，詢問住院醫師他們在治療的是什麼。住院醫師回答：「廣泛性焦慮症。」薛德勒接著追問那位訓練中的醫師，她的病人為何會焦慮，她卻一臉茫然。薛德勒又詢問住院醫師如何用心理學的角度理解病人的焦慮症，醫師回答：「我不認為這是心理學範圍的問題，這是生理疾病。」這種思考模式直接排除了傾聽病人故事的可能性，因此醫師也不會了解病人的行為背後的意義。

我們在控制孩子的症狀並開立精神科藥物的同時，完全放棄了解孩子感到焦慮的原因，因而直接阻礙了孩子表露自我。這套治療方法越來越常見，也越來越多人接受，連四歲的年幼孩子也比照辦理，再加上短期內能消除「症狀」的強效藥物，導致醫師越來越難以支持父母去理解孩子的焦慮背後代表的意義。

我在準備美國兒科委員會（American Board of Pediatrics）要求的證照更新考試時，在美國兒科學會（American Academy of Pediatrics）提供的複習課程中讀到了一個題目，詢問考生如何治療一名七歲女童的分離焦慮。題目提到女童的問題從幼兒園就開始了，包括了抗拒睡覺和經常發脾氣。她的父母在她還很小的時候就離婚了。她跟父親住在一起，很擔心母親會遇到什麼意外。

「正確」的答案是用認知行為治療（cognitive behavioral therapy，簡稱CBT）「有技巧地處理她的壓力」。第二順位的治療方案是開立百憂解這一類的選擇性血清素再吸收抑制劑（selective serotonin reuptake inhibitor，簡稱SSRI）。治療師提供的心理治療會「使孩子更加意識到壓力的成因」，是不對的。

我在部落格的文章中提及這件事後，許多讀者留言替「有理有據」的CBT辯護。其中一則留言提到，CBT的評量部分會讓醫師有機會聽到完整的故事。我回應道，但這就本末倒置了。CBT和藥物治療當然都是治療的方法，但要是我們不先花時間傾聽完整的故事，我們要怎麼知道病患需要哪種治療方法？

造成她罹患焦慮症的原因可能會有那些？她的母親是否時常意志消沉？她的父母是否有濫用藥物？她是否在父母離婚的期間看到兩人相互爭吵，甚至暴力相向？是否有焦慮症的家族史導致她具有基因脆弱性？她是否因為罹患感覺處理障礙而在學校受到過大的刺激？她罹患焦慮症的原因或許集結了所有上述的因素。

說不定題目中那名孩子的母親在童年也曾遇到相同的困境。但沒有人理解她，她得到的只有甩在臉上的一巴掌。她害怕自己的女兒也會有一樣的痛苦遭遇。若她因為女兒的行為而身負壓力，她就有可能在沒有意識到的情況下爆發。或者更有可能的狀況是，她想要保護孩子的直覺凌駕了憤怒的反應，因而封閉了情感。這兩種反應都會導致孩子只能獨自面對難以自行處理的情感。我們在傾聽之前就教導孩子「處理」感覺與行為的「技巧」，大大提高了埋沒故事的可能性。這些故事有可能會在多年後破土而出，有時甚至會演變成嚴重的精神疾病。

一位小兒科醫師將一名曾被診斷出焦慮症的八歲女孩帶到我這裡重新開處方藥。在花了幾個小時與女孩以及其父母診療後，我發現女孩就像題目中的孩子一樣面臨父母離異。她每隔兩周就有一個周末要去她父親家，但她父親總是喝得爛醉，放任她一個人照顧兩個年幼的弟弟。最需要處理的基本問題事實上是她父親的酒癮。病患的行為只是在受到驚嚇時的調適反應。

美國兒科學會推薦的治療方案是否能提供機會讓我們發現這個故事？父母有可能會因為自身的行為而感到極度羞愧，他們只會在感到安全時才會說出這些事，而安全感則來自於有時間與空間得到不帶批判的傾聽。父母要先理解孩子的行為，才能站在理想的位置支持孩子面對他獨特的脆弱性。最適合提供孩子認知行為治療的，是覺得自己足夠強壯且受到支持的父母。他們必須先意識到孩子的行為有可能會刺激他們自身難以克服的感覺，並想辦法不再受到這種感覺的妨礙。父母可以協助孩子說出自己的感覺、辨認出哪種情況會產生刺激，並發展出能夠處理這些經驗的涉略。了解行為並找出行為背後的意義並不是孩子該做的事，而是父母的責任。如此一來，焦慮症的經歷才會以健康的方式融入孩子的自我意識中。

就像伊凡，他焦慮的行為是與父母分離時的正常反應，只是因為他天生就有焦慮的傾向，所以這種正常反應變得更加激烈。只有在他無法處理或者控制這種焦慮時，這種行為才會變成精神失調。他的父母在電話中提供平靜的陪伴，這讓他冷靜下來，讓他大腦中負責思考的區塊恢復正常運作。他不再受到焦慮控制，因而能闡述感受、度過感受並跨越感受。

急於讓孩子聽話，只會讓孩子變沉默

標籤與藥物治療所產生的影響中，最嚴重的或許是讓一整個世代的孩子都變得沉默。我接手同行的「ADHD診療」後，我發現很多孩子被診斷出ADHD並接受治療多年，但沒有醫師額外注意過他們的家庭狀況。一名母親告訴我她自己正在未接受治療的狀況下對抗抑鬱。另一位母親告訴我她最近才剛從毒癮中恢復正常，而孩子的父親則剛被調到伊拉克。一名孩子悄聲告訴母親，他在母親扯他頭髮又打他時嚇壞了。沒有人發現或提出這些經歷對孩子造成的影響。若我們不花時間傾聽，就不會聽到這些故事。

我在閱讀兒子於高中時針對《梅崗城故事》撰寫的論文時，聯想到了這種貶低傾聽的狀況。我很驚訝地重新發現，甚或是首次發現，我這五十年的生命歷程竟能讓我換一個角度閱讀，看見這本書背後深藏的智慧。

小說中的角色阿提克斯對她女兒絲考特說了一句如今廣為人知的話：「你永遠沒辦法真正了解一個人，除非你能從他的角度看待事物，除非你能設身處地的體驗他的生活。」我現在懂了，這句話描述的是身而為人的必須特質：反思他人的行為代表什麼意義。就像約翰・鮑比提出了依附行為的論述，心理分析學家彼得・弗納吉認為，對於存活下來的人類來說，有能力理解他人的行為代表的意義具有演化上的意義且極為重要。

我不禁覺得，我們或許正逐漸失去這項身而為人的特質。我們不再認為花時間與空間思考行為背後的意義是一件重要的事。我們只致力於替行為找個名目，若那項行為會干擾生活，就消滅它。由於擔心孩子的問題行為而來我辦公室的父母最常說的一句話是「她一直都不聽話」，第二常說的則是「告訴我要怎樣才能讓她聽話」。問題的確有可能在於不聽話，但應該是大人不聽小孩說的話，甚至是大人不聽大人說的話。我們生活在快速且充滿科技的年代，幾乎不再花時間設身處地地替他人著想。

絲考特首次上學那天便對老師很生氣，她回家後父親告訴她，老師也是新上任的。他說出這句話時，便是在協助絲考特從不同的觀點理解老師為什麼會不耐煩，理解老師可能也身負極大的壓力。

進入診所辦公室後，時間是以分鐘計算。但成長是以年計算的。我們不可能回到小說中描述的一九六〇年代，回到能夠花大量時間慢慢傾聽的過去。但我們必須謹慎地避免完全放棄傾聽。若設身處地是身而為人的必需特質，我們應該要更小心地保護傾聽所需要的空間與時間。

第 2 部

傾聽，讓親子關係更穩固

第3章

傾聽寶寶的聲音

三個月大的海莉改變了我的人生。她因為不停哭泣被帶去看了好幾位醫師，醫師用好幾種腸絞痛的標準療法與藥物治療，卻都不奏效。她的母親妮可被診斷出罹患產後憂鬱症，看過醫生後病情反而越來越糟，一般醫療醫師只好加大抗憂鬱藥物的劑量。此時，一位同事介紹他們來找我。

我們花了一整個小時在寬敞的診療室裡對談。海莉用新生嬰兒才會發出的持續號哭聲宣布自己的到來，她的父親丹看起來累壞了，他抱著嬰兒慢慢走進診療室，妻子絕望的態度讓他感到無助。

妮可走進診療室後癱坐在沙發上，因挫敗而顫抖地哭了起來。她一邊流淚，一邊告訴我她的故事。在這麼多年過後，我還記得她曾說過的一件小事。她說在來找我的前一天，她去買了一些日常用品，突然有一顆蘋果從她的袋子裡掉了出來，她因此跪在地上哭了。她近來因為睡眠不足而感到精神恍惚，她這時才突然發現，她不想因為用藥帶來的精神模糊而錯過女兒的童年時光。她想要找到方法改善。

說話的過程中，妮可慢慢停止了哭泣，海莉持續不斷的號哭聲也隨之變得緩和。妮可說了一些自己的故事，她的家庭、她的孕期，以及海莉誕生後的這三個月。她十一歲時因為焦慮而開始服用百憂解，她連續服用藥物好幾年，又經歷了幾次藥物更換，直到想要懷孕時才發現自己已經沒辦法脫離百憂解了。確認懷孕後，她再次試圖停藥，但卻焦慮症因而劇烈發作好幾次，所以她只能繼續用藥。妮可認為懷孕讓她的壓力很大。海莉從出生開始就「跟現在一樣」。護士把她帶進育嬰室沒多久，便再次把她帶回妮可身邊——他們沒辦法安撫海莉，但海莉在母親的懷裡卻會變得十分平靜。妮可和丹把海莉帶回家不過幾周，事情就演變得越來越糟。

診療接近尾聲時，氣氛變得安寧祥和。我們一起坐在地板上看著海莉，她沒有睡著，似乎還保持著警覺。她對情緒放鬆而喜悅的母親呀呀叫了幾聲。但這時丹打了個噴嚏，海莉被嚇了一跳，她做出了摩羅反射（moro reflex）的基本動作——雙手突然向頭部揮舞，接著又號哭了起來。妮可抱起她，開始繞著房間走動，並向我解釋正是這種干擾讓她無法安眠。不過，現在我們已經知道海莉對聲音非常敏感，也非常容易號哭。

這次診療中，妮可首次發現海莉會哭並不是她的「錯」，再加上海莉出生時護士所說的話，都讓妮可放鬆了不少。她的罪惡感與挫敗感逐漸消退，漸漸平靜下來。我並沒有建議他們應該怎麼做。考慮到妮可脆弱的情感狀態，我提供了幾位心理治療師的名字給她，並預約了下個禮拜再次診療。

到了下次診療的那天，妮可和海莉剛走到診療室的門口，我就因為眼前顯著的變化感到驚詫。海莉正一邊開心地踢著腿，一邊咿咿啞啞地叫著，妮可則帶著愉悅地微笑低聲回應。接著妮可把注意力轉到我身上，向我打了招呼，並說：「我有種海莉才剛出生的感覺。」我問她是如何做出這樣的改變的。「我上次來的時候，感覺你聽見我了，」她說，「丹也這麼覺得。他第一次真的理解了我的感受。」

她已和一位心理治療師約好了診療時間，但還沒去。她決定不再增加藥物的劑量。不過，她會在瑜珈課的時候讓丹負責照顧海莉。現在她知道海莉對聲音很敏感，也知道驚嚇反射會讓她陷入混亂，她理解了海莉做出這些行為的原因，所以她不再隨著海莉一起崩潰，反而開始利用瑜珈的呼吸技巧讓兩人保持冷靜。現在想讓海莉平靜下來，比以前簡單得多。

初次診療的那個小時裡，丹聆聽妮可，妮可與丹一起聆聽海莉，而我聆聽他們三個人，這個過程讓他們有機會建立深刻的連接，將家庭引導至全新的方向。

接下來的幾個月內，我又斷斷續續地和他們見了幾次面，畢竟他們才剛剛開始建立連結，多花一點時間的助益很大。後來他們繼續去看一般小兒科醫師。在海莉滿一歲時，妮可覺得自己變得強大而有自信，後來很快又懷了第二胎。

親子關係初建立時就要聆聽

我與海莉一家人的相遇帶來希望，造成了戲劇性的轉變，這個年輕家庭的未來方向從此改變。但我所診療的其他案例卻並非如此，這些案例通通按照小兒科的標準程序做診療，診療過程幾乎都是在填寫處方箋，我認為這種診療方式是不對的。海莉一家人帶給我的經驗提供了動力，我想要改變。

我當時在一般小兒科擔任兒童行為專家，多數訪客都是為了ADHD評估而來。如前所述，他們期待我能按照標準測量表與孩子過去的症狀判斷孩子是否罹患疾病，並決定是否要開立處方。

我在數年前從一般小兒科轉為專門的診療行為小兒科，環境依然一樣，最大的變化是診療時間——從十五至三十分鐘到一整個小時。我不再讓他們像之前一樣回答症狀測量表，而是聽他們說故事。每一對父母都會用不同方式告訴我：「他從出生開始就是這個樣子。」大多數的家庭都是來做「ADHD評估」的，小孩從三歲、七歲、十一歲到甚至十七歲都有。最近的長期研究證明了幼兒期與青少年期的行為問題都和嬰兒期的行為失調（即哭泣時間過長、難以餵食與難以入睡）有極高的關聯性。

我在好幾年過後才開始注意到，在傾聽海莉的故事時，我錯失了非常多機會。沒人發現問題，沒人處理問題，很多父母都陷入了漫長而糟糕的困境中。有很大一部分的困境起始於懷孕期間或產後的抑鬱與焦慮。父母經歷睡眠不足、婚姻壓力以及其他造成情感失調的問題，導致難帶的嬰兒長成了難以管教的幼兒，進入幼兒園變成一件令父母憂慮的事。在只有十五到三十分鐘的診療中，小兒科醫師沒有辦法聽他們細細述說婚姻衝突、父母的心理問題或是藥物濫用，更不用說在這麼短的時間內將他們轉給適合的醫師了。他們只能提供簡單的建議，給予父母指引，並告知父母該怎麼做。

這些年的行為管理失敗了，現在這些孩子進入了學校這個系統中，他們被認為是「愛作亂」、「衝動的」且「容易分心」。在DSM的標準中，他們被歸類進ADHD裡。老師會建議他們進行ADHD評估。孩子就這樣子沒有機會揭露背後成長問題的狀況下，被診斷成ADHD，開始服藥。藥物能夠在短期內把這些「有困難」

的孩子轉變成順從的學生，能夠「靜靜坐著上課」。但這種改善的期效通常很短，接續而來的是年復一年的藥物治療。隨之而來的還有無法預料的後果。我在診療海莉與妮可的那段期間，高中生開始大量濫用我們曾大批開立藥方的藥物。

我發現自己很渴望能遇到更多像海莉與妮可一樣的母女，我希望能在最開始就協助他們回到正軌。在我花上一些時間了解家庭與過去孩子成長的細節後，我發現幾乎每一個被判定罹患ADHD的孩子的問題都起始於幼兒時期。一旦成功理解了成長背景所衍生出來的行為背後的意義，我們就能開始發揮創造力，尋找解決方法，我將會在下一章以及第四部提出更詳細的說明。不過一旦孩子進入了學校，父母就會被外力影響，開始認為診斷與藥物很棒，導致用於傾聽的資源與時間劇烈減少。

想要抓住預防這些問題的良機，就必須在關係初建立的時期開始聆聽。我很幸運有機會能從艾德・特羅尼克（Ed Tronick）在麻州大學波士頓分校創立的親子精神健康學程中追尋這種機會。我在課程中負責引導眾人一起研究這個嶄新且還在成長中的領域，課程的進行方式是每個月挑一個周末進行三天的密集活動，讓我們直接從研究人員自己身上學習知識。對我來說，這堂課還有另一個很重要的地方，那就是我可以與來自各個不同領域的同僚肩並肩一起學習，他們都清楚地了解我們能夠透過與嬰兒和父母共同努力來預防問題。我們都一樣熱切地希望能保護父母與孩子初建立的關係，讓這樣的連結茁壯。如今有許多醫學院訓練出來的小兒科醫師與精神病醫師都將重心放在診斷與治療疾病，但這個課程的同僚提供了全新的方式，我們著重於找出力量與恢復力。

我在診所觀察到產後憂鬱症與孩子成長時的心理健康問題之間是有關聯的，而課程中英國研究人員林恩・默瑞與彼得・庫柏的成果讓我看見了大量證據。艾德・特羅尼克提出的相互調節模式說明了妮可和海莉對彼此的影響可以是有害的，但也可以是有益的。我已熟知彼得・弗納吉的作品，這個課程讓我沉浸在當代研究中，瞭解發展心理學與神經科學之間的關聯，看見在照顧者能回應孩子表現的行為背後的動機與意圖時，孩子的大腦會如何發育成長。

我在課程中得知，嬰兒的行為失調與母親在懷孕期間的壓力與抑鬱是有關聯的。進行的研究也指出，某些特定藥物如百憂解，會對新生嬰兒的行為造成短期的負面影響，我逐漸了解海莉與妮可這對母女其實非常脆弱，兩人的特性讓彼此間的關係如同漩渦一樣下降，陷入誤會與錯誤溝通之中。我了解了自己是如何在這幾次的診療中提供了一個能夠支持海莉以及家人的環境。他們花的時間並不多，因為海莉正處於大腦發育最迅速的階段，我在海莉還這麼小的時候介入他們之間，讓海莉與家人能即早轉向健康成長的道路。

每天無數次互動，建立溫柔的情感關係

嬰兒是少數在出生後幾個月內都無法照顧自己的生物。他會因為驚嚇反射在奇怪的時刻把雙手高舉到頭的兩側。他的睡眠時間沒有規律也沒有理由。他不論日夜都要吃東西與排泄。嬰兒的行為之所以會如此難以預料，是因為他的大腦尚未成熟，演化讓我們在離開子宮時還有百分之七十的大腦尚待發育。

人類逐漸適應了站立起來用雙腿行走，產道變得窄小，無法讓發育完全的大腦從產道中經過。此外，到了懷孕的第九個月，發育中胎兒的代謝需求對母親來說會變得太過龐大。

我們還會表現出另一種因適應演化而出現且同等重要的舉動：人類的新生兒出生沒多久後起就可以建立連結並進行複雜的溝通。在平穩安靜的環境下，嬰兒在出生幾個小時後就會對母親的聲音有反應、視線跟著母親的臉移動，也開始會想用嘴巴模仿母親的動作。他讓自己吸引照顧者，讓照顧者愛上他。

將這兩種適應皆符合教育與孩童發展學者J・雷諾・萊利（J. Ronald Lally）所提出的「社會子宮」這一概念。人類的嬰兒發育不完全，但卻與他人互動的能力卻極強，「他們將看似弱點的事轉換成力量。在這段只能依靠他人的時期中，大腦非常活躍，發展速度比人類一生中的任何時期都還要快。」

為了讓嬰兒能被聽見，能獲得最好的成長環境，嬰兒需要照顧者無時無刻、全天無休地陪伴在旁，提供情感與物理上的照顧。新手父母有可能會為了無法照顧自己的嬰兒而陷入不睡覺、不洗澡、不做任何事，只能照顧嬰兒的處境。有些人將這段時間稱為第四孕期（fourth trimester），坊間有許多書籍針對這段時期提供建議，告訴你該如何撐過去。

但依照溫尼考特所說，母親應該天生就知道該怎麼做。他將這種殫心竭慮的照顧稱為「原發的母性關注」（primary maternal preoccupation），這種關注不但健康，還具有極高的適應性。針對這項行為進行的神經科學與基因學研究顯示，在這段期間內，催產素、神經傳導、特定大腦結構與神經傳導物質都會對母親產生顯著的影響。這種關注對嬰兒的發展來說必不可少。耶魯兒童研究中心的琳達・梅耶斯曾提道：「在這段期間，母親全心全意地關注著嬰兒，幾乎將其他事物通通屏除在外。這種關注讓他們更容易預先發現嬰兒的需求，理解嬰兒的特殊表達方式，並讓嬰兒逐漸發展出個體的概念。溫尼考特也曾強調過，這個階段會對嬰兒的自我發展產生關鍵性的影響……」

若一切順利，嬰兒大約會在三個月大時開始發展自我安慰的能力。他的動作不再毫無規律可言。他會把手放進嘴巴裡。他的睡眠時間變得更加規律。母親也可以洗個澡了。

在發展心理學家蘇珊・齊迪克（Suzanne Zeedyk）所製作的一部美麗的影片「與嬰兒建立連結」中，有一段被命名為「尿布跳舞」的片段，紀錄了一名母親幫她的嬰兒換尿布的過程。母親不斷用和緩溫柔的聲音告訴嬰兒她正在做什麼並敘述嬰兒可能會有的感受。齊迪克用這種簡練的方式讓我們看見，每天母親與嬰兒都會進行無數次短暫互動，每次互動都帶有非常細緻的協調性。在這樣的情感關係中，嬰兒的大腦逐漸發育成長。嬰兒在這個過程中發展出自我認知。

自上述狀況繼續衍伸，若母親——引用撰寫溫尼考特傳記的作者亞當・菲利浦的文字「專注於其他事物」，這種互動就會發生明顯的改變。若嬰兒在出生後的頭幾個月沒有受到保護、若剛成立的家庭覺得他們不被支持、不安全或者被孤立，本應該充滿喜悅與愛的時期就會變得滿是焦慮與寂寞，這與社會的期望大相逕庭，因此會使家人變得更加痛苦。提供嬰兒成長時需要的「社會子宮」因而有可能變得十分困難。

若母親預期自己能在生下小孩後立刻回到之前的生活，並恢復懷孕前的體態與個性的話，嬰兒所需要的關注對她來說很有可能不僅僅是挑戰，而是不可能的任務。由於嬰兒在出生後的頭幾個月毫無自立能力用溫尼考特的話來說就是「完全依賴」（absolute dependence），所以他們需要無時無刻都受到關注。這種關注不一定要來自母親，也需要持久的「支持環境」，這種支持有可能來自於家庭成員、朋友或社區。正如溫尼考特敏銳觀察到的現象：「母親天生就能提供嬰兒良好的照顧，但我們應該認知到，若能讓母親自己也受到良好的照顧，並理解照顧孩子是與生俱來的能力，她就能做得更好。」

因應這種演化上的需求，我國曾有過坐月子的傳統。也就是在生產後的三到四個禮拜，母親可以在家休息，和嬰兒建立連結，讓其他女性負責處理家務，並提供她情感上的支持。雖然近代社會不再認為女性在產後需要長期休息，但這段保護母親的時期依然有其重要性。世界各地都有文化認為以坐月子的方式保護母親與嬰兒是有必要的，當代美國文化則缺乏這種產後照顧的習俗。

照顧一個沒有自立能力的嬰兒，會自然而然地導致照顧者完全無法掌控自己的生活。若照顧者能事先預期自己會遇到這種狀況，並接受自己會暫時陷入這種狀態，那麼這段時期很快就會過去。清楚認知到自己身為母親的身分以及失去控制這兩件事令人感到矛盾，這種矛盾很正常，溫尼考特以美麗而輕鬆的方式描寫這種狀態：接著，她們在某天突然發現有一名新生人類決定要寄居在此，而她們則成了女主人，就像《來吃晚餐的人》（*The Man Who Came to Dinner*）一劇中由羅伯・莫利（Robert Morley）飾演的角色一樣，她們必須滿足客人越來越複雜的要求，直到遙遠的未來，平靜再次回歸，她們才能再次以更直接的態度表述自我。

但是，若母親不敢表達這種矛盾，若她只能獨自承受由於睡眠不足而造成巨大的壓力與困惑，正常的矛盾有可能會造成失調，正常的關注也有可能會被扭曲成侵入性的強迫行為。除此之外，若母親感受到強烈的自我質疑與自卑感，就有可能讓成為父母的過程變成糟糕的體驗。

父親也會感到失落，需要被傾聽

我最近的診療對象蘿倫是一位新手母親，她陷入了抑鬱的困境之中。醫生建議她使用藥物治療，但她猶豫了。在她的先生湯姆參加了新手爸爸小組後，蘿倫的抑鬱變得更加嚴重。

我們該如何理解這件事呢？在嬰兒誕生後，父親的感受可能與母親的感受大不相同。母親通常會在父親照顧小孩時，覺得自己受到照顧。但父親的感覺卻相反，配偶有可能是他情感支柱的唯一來源，因此父親有可能在母親以健康且自然的方式關注嬰兒時感到寂寞與被拋棄。此外，在一般家庭中，父親通常是主要負責養家活口與提供照顧的人，有時也會是母親情感支柱的唯一來源。再加上許多母親可能會給予很複雜的指示，她們要求幫忙的時候，又以口頭及肢體動作表示自己才是比較懂得嬰兒的指示的人。

上述的眾多狀況與無時無刻都需要照顧的嬰兒加在一起之後，容易造成父母雙方雖然都身處在同一間房子中，但心理上卻互相疏離，感到寂寞，因此無論父親或母親都有可能經歷沮喪的感受。

嬰兒剛出生的頭幾個月，父母要對嬰兒投注非常大量的關注並滿足他的需求，在這樣的狀況下，父親會覺得這幾個月很難熬。當父親自己想被關注的需求無法得到滿足時，嬰兒有可能會感到混亂，造成哭泣時間拉長，以及入睡與餵食的困難。

新手爸爸小組可能有辦法解決這些問題。小組的運作模式和新手媽媽小組類似，新手爸爸可以認識經歷過類似困境的人。帶著嬰兒參加小組讓他們有機會在安全且受到照顧的環境中，學會理解嬰兒的動作所代表的意思，並和嬰兒建立情感連結。當父親能慢慢覺得自己有能力照顧小孩後，他的生理狀態與心理狀態都有可能變得較有餘裕，如此一來便有可能降低母親的孤單與疏離感，在母親與父親之間、父母與嬰兒之間建立起正循環的情感連結。

嬰兒的特性，會影響親子間的正常交流

最近有人邀請我為醫學院的學生演講一小時，這些學生被輪派到育嬰室進行為期四周的見習。要讓他們領略我從特羅尼克的課程中學到的豐富知識不是件容易的事，最後我決定教他們腸絞痛。若你在網路上搜尋腸絞痛或詢問專業醫師何為腸絞痛，你得到的答案通常會把腸絞痛歸因在嬰兒身上。大部分的解決方法都會在一開始就告訴父母，要利用哪些技巧讓嬰兒停止哭泣。若這些技巧失敗了，可能還會有各種其他飲食配方能供父母嘗試，接著或許再推薦父母尋找肝膽腸胃科專家的協助。但在妮可與海莉的案例中，我們透過嬰兒與他人的關係理解了她為什麼會出現腸絞痛或哭鬧不休的狀況。我用了截然不同的方法。

溫尼考特提出的原發的母性專注這一概念，主要針對的是母親對剛出生數周、無法自立的嬰兒所投注的關注，我在一本文學作品中找到了可以描述這種概念的段落。這本作品是詹姆斯・艾吉（James Agee）的《家中喪事》（*A Death in the Family*）。在這部作品的前半段，主角的父親在半夜由於自己的父親生病而被叫醒，在他打算換衣服出門時，他的妻子一邊走下樓準備早餐，一邊悄聲要他把鞋子帶到樓下再穿。

他看著她離開，心裡想著她到底是什麼意思，接著又默默地為了其中的諷刺性而感到好笑。她在說起鞋子時看起來嚴肅極了。天啊，就為了孩子，女人可以在每天、每時、每刻都考慮著一萬件瑣事。這幾乎算不上是考慮，他在穿上另一隻襪子時想著。根本可以說是在無意識的狀態下進行。像呼吸一樣。

我希望學生能把腸絞痛視為嬰兒的特性，這種特性會干擾母親產生的原發的母性專注。母親不會覺得這是「呼吸」，反而會覺得這是一種折磨。

要滿足行為有規律、安靜的嬰兒的需求就已經是一件困難的事了。若嬰兒還具所謂的「腸絞痛」症狀——容易被最細微的聲響驚動、每次吐奶都哭、難以保持清醒或入睡，原發性的專注（也就是溫尼考特在寫給父母的書中所謂的「正常的投入」）會變得難以達到，甚至帶來痛苦。尤其在父母感到孤獨且不受支持時，這種自然而然的轉變過程有可能會走向錯誤的方向。這種情感關係有可能會帶來痛苦。嬰兒的特性有可能會破壞親子間的正常交流。嬰兒的情緒會影響母親的情緒，而母親的情緒也會影響嬰兒的情緒。母親和嬰兒有可能會讓彼此的壓力變得更大。

額外的幫助與支持可以讓親子關係迅速回到正軌。對妮可來說，抑鬱、不滿足以及缺乏睡眠讓「腸絞痛」變成了逐漸增長的危機。我希望我的學生能了解同時傾聽父母與嬰兒的價值。

正視產後憂鬱，才能給孩子真正的愛

在我指出產後憂鬱症的來源包括孤立於社會及不切實際的期待後，許多母親都表示深有同感。不過，有一定數量的讀者語帶指責地告訴我，將社會與文化力量的影響視為產後憂鬱症的來源，是在暗示產後憂鬱症不是「真正的疾病」。

我診療過許多新手父母，我確信他們所經歷的嚴重焦慮感都是真的。母親體內的激素由於懷孕而產生改變，而父親雖然不會經歷相同狀況，但激素之外的理由也足以引發父親的焦慮，以及其他明顯是產後憂鬱症的症狀。

我想說的是，我們應該把照顧新生兒時產生的負面情緒視為具有多重意義的經驗。我們應該對於兒童行為背後的意義感到好奇，而不只是賦予這個行為一個名字，與此同時，我們也應該考慮新手父母的經歷有何意義。有效的產後憂鬱治療必須讓患者有機會處理社會與人際關係的問題。我們應該認知到成為母親會造成生理與心理的巨大變化，並理解在發展過程中，父母、嬰兒的角色以及正常矛盾之間的關聯。而孤立於社會、嚴重缺乏睡眠與不切實際地期待自己能迅速恢復成懷孕前的狀態都有可能會讓狀況變得更糟。

將這種經驗稱之為疾病或許能讓人們意識到這個議題的嚴重性，也能領取保險金以支付治療費用。美國預防服務工作小組（US Preventive Services Task Force）近來提出建議，希望能將產後憂鬱症地檢測放進基層醫療中，如此一來才能找出不清楚自己有產後憂鬱症的母親。但是，生物精神醫學的治療模式會讓我們想要立刻解決症狀，解決方式通常都只有藥物治療，而沒有處理背後的根本原因。如同我們在第二章看到的，藥物會使人貶低傾聽並忽略其他意見。當我們把問題完全歸因在母親身上，當我們沒有機會發覺並理解社會、文化與情感關係的脈絡，我們其實是在說：「你出了點問題，我會解決這個問題。」

「你有產後憂鬱症。」在辛蒂終於鼓起勇氣告訴產科醫生她感到很痛苦後，她的產科醫生這個說。她後來在我的行為小兒科診療時說，她覺得「失去了重心」。產科醫生開了左洛復的處方箋給她，要她一個月之後回去複診。

辛蒂過去幾年都一直在對抗自己的焦慮。如今她的丈夫常常出差，她幾乎每天只能都和哭鬧不休的嬰兒盧克單獨相處。盧克很常哭，因而被診斷為對食物過敏，但辛蒂多次改變飲食配方後依然無法改善狀況。在最近搬家之後，辛蒂多了住在附近的幾個朋友。她形容自己的原生家庭是「你不會談及自己的感受」的家庭。她的精神狀態脆弱，幾乎筋疲力竭，雖然知道藥物可能會有幫助、甚至是必要的，但她不想單靠藥物麻痺自己心理上的痛苦。

她努力振作起來，尋找其他對策。她第一個去電預約的診所告訴她要再等八到十二週才能預約。深陷痛苦之中的辛蒂知道等八到十二週就已經太遲了，她要找到可以立刻預約的診所。她堅持不懈，找到了一位可以在下週見她的心理治療師。她的丈夫對她很體貼，總是提供支持，但卻並不瞭解狀況的嚴重性，她告訴先生必須請假以提供幫助。她的小兒科醫師將他們介紹給我。辛蒂的孤獨感減緩，也變得比較冷靜，開始能夠協助盧克應付他的煩惱，最後成功讓他的哭泣時間減少。

許多新手母親沒有餘力尋求幫助。治癒新手父母的產後憂鬱症的必須要件之一是提供足夠的時間與空間，讓父親與母親都覺得自己受到包容、支持並且被聽見。有可能需要動員親戚、朋友、個人治療師、親子治療師、親子小組或者讓上述團體互相聯合。諮詢、瑜珈、保持謹慎以及冥想都可以幫助父母與孩子促進睡眠、哭泣與餵食的品質。在最理想的狀況下，父母應該在嬰兒出生的頭幾個月得到這些支持，因為這段時間的嬰兒的自立能力最低，而且大腦的發展速度最快。

在行為小兒科診療中，我遇到的哭鬧不休的嬰兒有可能是「被確診的病患」，母親有可能正經歷令她痛苦的困境，感到抑鬱與焦慮。同時診療母親與嬰兒能很有效地引導他們回到健康的道路上。

「我擔心我沒辦法愛他，」瑪莎帶著八週大的兒子班傑明來找我，她在第一次的五十分鐘會面中這麼告訴我。一名敏銳的小兒科醫師發現班傑明被醫院診斷為「棘手的腸絞痛」，於是他將班傑明介紹到我這裡。在經過了大量醫學檢查後，他們無法判斷腸絞痛的「病因」為何。他依然日日夜夜哭泣。

我的診療室裡有一間小小的嬰兒房，裡面有柔軟的地毯與沙發，在晴天時，陽光會如流水般穿透大窗戶照入房間裡。我和瑪莎在這裡安靜的空間中花了一個小時談論她所憂慮的事。班傑明從會面的一開始就躺在嬰兒安全座椅中睡覺，因此瑪莎能不受干擾地告訴我他們的故事。班傑明有一個哥哥，名叫芬恩，在嬰兒時期和班傑明「表現得一模一樣」。瑪莎記不太清楚芬恩出生後的那幾年的事，因為太痛苦了。她在那幾年都沒有睡好，只知道那段期間毫無快樂可言。芬恩現在六歲，最近被診斷出罹患ADHD，有可能也罹患了自閉性疾患，但尚未確定。

瑪莎在發現班傑明是個像芬恩一樣哭鬧不休又難以安撫地小孩後，她覺得「產後壓力」很大。她時時刻刻都感到憤怒，非常擔心自己沒辦法喜歡上第二個孩子。

沒多久後，班傑明哭了起來。瑪莎將他從安全座椅上抱起來輕輕搖晃，隨著班傑明越哭越大聲，瑪莎也越來越焦慮。我推射這個孩子或許跟他的哥哥一樣具有感覺處理障礙（詳見第八章），因此拿出了我在評估嬰兒狀況時常用的嬰兒搖鈴。我輕輕地在班傑明耳朵旁搖了搖搖鈴，他馬上安靜了下來。接著我停止晃動嬰兒搖鈴，他又繼續哭泣，然後再次因為我搖動搖鈴而安靜下來。我重複了三次，而瑪莎則在一旁看著，我們因此而確認了輕柔的聲響能安撫他。這個發現讓瑪莎得以把他放在毯子上，繼續觀察他的行為。

我發現班傑明會很專心地盯著我的臉看。我開始一邊和他說話一邊轉動我的臉，一開始他會被吸引住，隨著我的臉移動視線，但接下來他做出非常激動的動作——用力揮動四肢——突然開始不高興地哭鬧起來。我和瑪莎開始觀察這種刺激為什麼對他來說會太大，但他在我拿出一顆紅球時又不哭了，甚至稚拙地伸出雙手想要接觸紅球。他對我的臉以及聲音的反應表示他對人很有興趣。他會哭鬧又比較喜歡無生命的物體，可以解釋為他對感官刺激較為敏感，而不是厭惡與人互動。

我的工作目標是陪伴瑪莎和班傑明，同時傾聽他們想表達的話。瑪莎因為「承認」了自己對班傑明的負面情感而轉為放鬆。因此她才能在之後跟我一起好奇地探索班傑明的行為背後的意義。我提供時間和空間，讓她的故事被聽見，她自然就會把注意力轉移到班傑明身上。

我們開始談論剛剛觀察到的現象背後的意義。瑪莎不可能讓班傑明遠離刺激，再加上他的哥哥需要大量的關注，遠離刺激就更不可能了。但她開始了解這個世界帶給班傑明什麼樣的感覺，因而能夠明白他為什麼哭鬧。重新理解他的行為緩解了瑪莎的無助與不適感。

在那之後，我們每隔三到四週見一次面，就這樣持續了幾個月。在我們一起觀察班傑明時，瑪莎開始跟我分享她自己的母親帶給她的痛苦過去，以及她在婚姻中遇到的困境。她有另一位治療師專門和她討論這個問題，但在我的診療中說出這些事情，能讓她釐清自身的壓力會如何在班傑明在場時對他產生影響，再盡力將這些感覺從母子間剛建立起的新關係中抽離。

班傑明的哭泣的次數與激動程度都慢慢降低了，但就在他快要五個月大時，他又突然變得很常激烈地哭鬧。瑪莎因此而陷入極大的焦慮中，她很害怕班傑明又會恢復過去的狀況，而她之前的努力則都只是徒然。但我們在那次的診療中做了個小實驗。班傑明抵達診療室時是清醒的，對環境十分敏感。我把他抱到我的腿上，在診療剛開始的一大段時間裡，他都很安逸地坐著。一開始他表現得很安定，但似乎在觀察我。我和瑪莎一直在專心觀察他，所以我們都注意到在他突然開始大哭之前，他的臉上閃過了一個擔心的表情。我把他交到瑪莎手上，他馬上又不哭了。這個實驗的結果顯然跟之前完全不同，班傑明最近又開始哭泣是因為他對母親的連結感與依附感正逐漸增加。我告訴瑪莎，這是很常見的正常心理發展行為，表示他認知能力正逐漸增加。

在此之前，他當然知道我與他的母親有什麼不同，但現在他能用更複雜的方式思考這件事。忙亂的家庭可能會讓瑪莎沒有機會像這樣釐清班傑明的狀況。但現在瑪莎了解班傑明為什麼又開始常常哭鬧，這不只讓她知道開如何應付，也讓她能由於嬰兒進入了新的發展階段以及更加依附她而感到開心，不再因為焦慮而感到痛苦。瑪莎覺得自己已經足夠穩定且有自信了，她決定他們不再需要來見我了。大約一年後，我巧遇介紹他們給我的那位小兒科醫師，她告訴我，瑪莎和班傑明兩人的「感情很美好」。

將新生兒視為個體

新生兒行為觀察系統（Newborn Behavioral Observation System，簡稱NBO）的目標在於讓人能認知到嬰兒是獨特且具有重要能力的個體，同時也理解嬰兒的弱點為何。知名小兒科醫師T・貝瑞・布列茲頓（T. Berry Brazelton）曾在二〇一二年獲得巴拉克・歐巴馬總統頒發的總統公民獎章，而NBO正是從布列茲頓發明的測驗衍伸出來的系統，同時也採用了溫尼考特的觀念。我們可以把NBO視為工具，這個工具能幫助父母在孩子出生的那一刻開始了解孩子的真我。

布列茲頓早年是一名一般兒科醫師，他觀察到新生兒有能力進行極為複雜的溝通。他在私人診所看診時，發現才數個小時大的嬰兒就可以模仿他人的臉部表情、非常拙稚地伸手想要與人接觸，與物品互動時的表情會不同於與人的臉龐互動的表情。更進一步的研究顯示讓他創造出了新生兒行為評估量表（Neonatal Behavioral Assessment Scale，簡稱NBAS）。NBAS可以用來確認並測量新生兒的能力有多強，這個量表改變了兒童發展專家與小兒科醫師對嬰兒的了解。

由心理學家J・凱文・鈕金特與同事共同研發出來的NBO可說是臨床應用版本的NBAS。臨床醫師可以利用NBO說明新生兒具有的獨特力量與弱點。只需要十分鐘就能完成NBO，不過若時間允許，花更長的時間觀察嬰兒的反應會更好。NBO讓新生兒與照顧者以及家庭成員建立關係時，有機會獲得更多空間。

體驗過NBO的父母會在多年後還清楚記得當時的狀況。父親與手足都可以參加NBO。研究顯示，在嬰兒出生後的頭兩天就使用NBO可以有效降低母親在第一個月罹患產後憂鬱症的風險。身為臨床醫師，我發現NBO通常是非常深刻而有力的系統。我在傾聽父母與嬰兒的同時，也見證了家庭的誕生。

我的教學影片長約九十秒，內容是我在替三天大的嬰兒及他的母親進行NBO。影片片段是NBO中被稱之為「定位物體」的部分，在這個部分我們要觀察嬰兒對單一物體、臉、聲音以及臉加上聲音的反應。許多才出生數個小時的嬰兒就已經能夠在正前方的一百八十度角以內，讓視線跟著亮紅色的紅球不放，這常令父母感到又驚又喜。在這段影片中，我們可以看到母親輪流在嬰兒的左耳與右耳輕聲說話，嬰兒則轉頭看像聲音來源。另外我們也會看到他做出很基礎的伸直雙手動作，表現出很強烈的摩羅反射（或者驚嚇反射），不過這並不在標準的NBO中。他的母親開心地對他說，「喔，好的，你已經認識我囉！」接著我觀察到他會對我的臉以及聲音同時做出反應。除了視線會在正面一百八十度角內隨著物體移動外，他還會模仿我嘴巴做出的動作。我不由自主地跟他說：「我們真的有在對話喔，你已經是一個小小人了唷。」

有些孩子很敏感，反而不喜歡擁抱

雖然對許多父母來說，認知到小孩正發展出自我意識是非常自然的過程，但對於處於壓力下的父母卻並非如此。這些壓力有可能來自父母、嬰兒或者同時來自雙方，花時間測試NBO能提供父母空間去感受自己的直覺。我們鼓勵親子共同邁入健康成長的道路。我們在了解嬰兒的特質後，會把「問題」重新定義成「弱點」。而弱點可以在受到支持、關注與細心傾聽後轉變為力量。

我在妮可與丹身上觀察到的狀況可以套入NBAS與NBO中，只是當時我並不知道。妮可在海莉的「棘手」行為中看見的是自己的失敗，直到我們重新把問題定義為弱點後，她才發現自己想要透過女兒的行為保護自己。海莉的哭鬧對妮可來說並不是海莉的特質，妮可把哭鬧視為過去她所經歷的不滿足感的倒影。

父母自身過去的經驗有可能會扭曲自己與嬰兒的關係，影響他將孩子視為孩子自己的能力。傾聽父母的故事能讓我們驅散擋住視線的迷霧。這些霧埋有可能會以投射的形式出現，父母會將自己無法接受的感覺強加在嬰兒升上。投射可以是各種不同的複雜形式。我們將會在第九章提到，有時新生兒代表的是另一個人，甚至有可能是父母親的上一輩。

奧思丁瑞格中心是一家住院精神科醫院，他們目前正透過院中的病人研究自殺行為與認為自己被迫扮演另一個人這件事是否有關連。若父母能及早發現投射行為，就可以避免孩子被迫扮演別人。

瑪麗蓮與史蒂芬的故事是絕佳的例子。瑪麗蓮的大女兒安娜已經三歲了，是個好帶的孩子。瑪莉蓮是個幹練而實際的人，她的第二個孩子時常哭鬧，而她無法理解自己為什麼會因此感到心神不寧。

親友們提供了五花八門的意見，在嘗試各種飲食配方後，小兒科醫師判斷孩子會胃食道逆流，並開始嘗試藥物治療。若藥物不奏效，醫師接下來會將他們轉到腸胃科。瑪莉蓮覺得心亂如麻，時間一天天過去，她開始對於作為母親的自己失去信心。她向我承認：「有時候我會覺得他很恨我。」在史蒂芬出分後，她漸漸失去了之前和安娜輕而易舉地建立的親密連結，這讓她感到絕望。她在我的診療室中把哭鬧的嬰兒抱在懷裡，哄到他安靜下來並入睡，接著告訴我她的故事。

瑪莉蓮有一個妹妹。她們兩人幾乎總是在互相爭執、互相折磨（她最近剛開始針對這件事進行心理治療）。她的妹妹剛出生時身體虛弱，常常生病，三歲的瑪麗蓮覺得這個小嬰兒吸走了父母所有的注意力，她因此被拋棄了。她堅決不讓這件事在自己的小孩身上重演。

瑪莉蓮說到這裡時停了下來。她在沒有時間壓力的狀況下說出自己的故事，重新經歷了隱藏在困境背後的痛苦，直到這一刻之前，她一直把這種痛苦阻擋在心房外。瑪莉蓮眼中的淚水自臉頰滑落頰，她對我解釋說，在史蒂芬出生後，她對安娜做的事和當初她父母對她做的事是一模一樣的。她承認自己對史蒂芬心感到憤怒，但同時又感到巨大的罪惡感。她害怕自己無法與史蒂芬建立情感連結。

現在我們能用全新的角度解讀她對第二個孩子的感覺。史蒂芬的確是特別愛哭鬧的孩子，而瑪麗蓮的故事讓我們洞悉了她為何會感到心神不寧。

察覺孩子內心的轉變，養育兒女不再無助

瑪莉蓮坦白了內心的恐懼後，我們就能知道該怎麼應對了，改變史蒂芬的胃食道逆流藥物治療顯然不是唯一需要做的事。第一次診療提供了瑪莉蓮安全且不受批判的環境，讓她能分享令她無能為力的罪惡感。

心懷這種衝突的思想不代表她是個「壞」母親。我告訴她，對嬰兒懷抱負面情感其實算是正常且自然而然的，她在應對哭鬧不休的嬰兒時所面對的困境是很現實的。我剛開始想請她說出自己的故事時，她拒絕了，認為「出問題」的只有史蒂芬，因為她知道史蒂芬比一般嬰兒還要常哭鬧。但接下來她回想起自己的深沉痛苦，並在診療室被告知可以坦率地表現出悲傷，最後，房間內的氣氛變得比較輕鬆

了。透過與她的新生兒建立連結，瑪莉蓮驅散了罪惡感與怒氣。

「問題」在於瑪莉蓮要設法好好愛自己的兩個孩子。我建議她把整個家庭都帶來與我見面。瑪莉蓮可以在兩個孩子同時在場時，即時和我討論她的感受。我們可以一起發想，讓她能有時間分別和兩個孩子培養感情，畢竟她丈夫的工作過於忙碌，可能無法給予太大的幫助。

執行上述方法後我們得到不少進步，其中之一是史蒂芬和安娜之間的關係越來越好。瑪莉蓮逐漸找到自己的重心，能夠在陪伴兩個孩子時專注在當下，同時她發現安娜開始享受身為姊姊的角色了。我在診療室和他們一起經歷了一個非常開心的瞬間：安娜不斷把玩具聽診器放在她年幼的弟弟胸前，最後兩名孩子一起笑了。

史蒂芬的確是一名很難帶的孩子，應對史蒂芬的主要方法有二，第一在於認可瑪莉蓮的經驗，第二則是加強力度去支持與指引史蒂芬的行為。另外還有一件事同等重要：理解他的行為對瑪莉蓮來說代表什麼意思。從某種角度來說，我所扮演的角色是引導者，我幫助瑪莉蓮將史蒂芬的行為背後的真正意義，與她所以為的意義區分開來。

我們可以觀察到史蒂芬的節奏與知覺處理敏銳度。瑪莉蓮發現，在她花上好幾個小時安撫他、試圖讓他停止哭泣後，他有時會在瑪麗蓮將他放回床上時變得平靜。這是非常典型的投射反應，瑪莉蓮把自己覺得無法容忍的感覺投射到史蒂芬身上了。她才是拒絕史蒂芬的人，因為史蒂芬的需求讓瑪莉蓮與安娜之間的關係受到干擾。這種令她無法容忍的感覺導致她將情感投射到史蒂芬的身上，並堅持史蒂芬的行為是在拒絕她。

但現在瑪莉蓮能看清史蒂芬的感覺了。史帝芬和安娜不同，安娜喜歡擁抱，而史蒂芬則會在發現自己是獨自一人時變得較為平靜。這是史蒂芬與生俱來的特質，現在瑪莉蓮能夠予以理解以及尊重。她逐漸辨認出史蒂芬的真我。

我可以在診療中同時傾聽父母與嬰兒，觀察親子間的互動為何會讓兩人間的關係變得更加糟糕或者更緊密。我們要注意嬰兒影響父母的方式以及父母影響嬰兒的方式。當親子間的問題如同史帝芬和他母親的問題一樣深刻且複雜時，診療中這段讓親子皆處於保護下的時間，將會是讓他們逐漸走向健康方向的關鍵。

傾聽嬰兒的情緒，能增強親子關係

普立茲獎的得主詹姆斯・赫克曼（James Heckman）是名經濟學家，他的研究常被用以當作支持幼兒投資的證據。近年來多數討論都集中在幼兒園時期，也就是四歲開始投資。但我們這個世代最完善的各種科學研究都顯示幼兒投資應該從嬰兒時期開始。

嬰兒時期是「投資報酬率」最高的時期，因為此時大腦發育與轉變的速度最快。我們從出生到死亡都具有神經可塑性，也就是說我們的大腦隨時都在改變，但若能在腦部迅速成長與改變的時期傾聽，我們就有機會先行預防。若我們能及早發現家庭偏離軌道的方式，我們就可以花較短的時間把家庭導回正軌。

從一百年前開始，心理分析學家就知道幼童的情感關係是否健康發展是至關重要的事。現今科學對幼童的了解突飛猛進，證明了早期的父母照顧會調節生理機能、左右是否能發展出健康的壓力反應，並影響基因表現以及大腦的構造與功能。

但無論科學研究表示父母對嬰兒的影響有多重要，若我們的文化不重視父母的重要性，那麼科學也無法對家庭有所幫助。在許多國家中，母親生下新生兒後的頭幾個月通常都會有人到家裡協助新手父母。芬蘭的新手父母會收到裝滿了衣服、尿布與其他嬰兒用品的「嬰兒紙箱」。在拿出箱子裡的物品後，箱子本身可以拿來當作嬰兒的第一個睡床。這些物品與箱子不只實用，更具有非常重大的象徵意義，就像是在說：「我們的社會非常重視新手父母與新生兒。」

但美國卻與此相反，我們對親職假的規定異常嚴格，在全世界名列前茅，更是唯二請產假時政府不支付薪水的已開發國家之一。我們缺乏針對父母與嬰兒的投資，許多家庭因而無法提供科學研究中，嬰兒在出生的頭幾個月甚至頭幾年內應該得到的照顧。

在嬰兒發展研究中領先群倫的學者碧翠絲・畢比製作了一段影片，影片中的母親與嬰兒簡要地證明了幼年時期的親子關係具有多元性與複雜性。有一位小兒科醫師因而受到啟發，他讓每個擁有四個月大的嬰兒的家庭錄製影片，而後再讓父母與臨床醫師一同觀看影片，父母可以看到自己與嬰兒是如何互相影響的，這在診療上是增強健康親子關係的好方法。

科學證實了在嬰兒時期對親子關係投以時間與關注是有益的投資。但在現今的社會中，我們習慣了要快速完成初級診斷，迫於壓力，臨床醫師要在越來越短的時間內診斷越來越多病人，這種狀況背後的暗喻簡直令人覺得可笑。

第4章 傾聽為預防之道

培育強健的孩子，遠比治癒心理受創的成人來得容易。

——佛德瑞克・道格拉斯／政治家

我們在上一章中曾提到，若想要預防孩子在兒童期的後期產生心理狀況不佳的狀況或親子關係出問題，最有效的第一步就是傾聽嬰兒與父母的聲音。史帝夫・伯傑諾基與黛比・伯傑諾基夫婦（Steve and Deb Boczenowski）的兒子傑佛瑞於二十一歲自殺身亡，他們因此成立了青少年焦慮與沮喪排解協會（Teenage Anxiety and

Depression Solutions，簡稱TADS）。史帝夫與黛比待人親切，勇敢而細心，他們致力於這份工作，希望能防止其他家庭和他們一樣，因為孩子的心理狀況不佳而陷入孤單與無助。前陣子，史蒂芬邀請我去演講，聽眾是幼兒園的家長和老師。他在開場時解釋道，雖然幼兒園的家長與老師似乎與他的協會無關，但他發現有心理問題的青少年會在小學，甚至幼兒園時就表現出徵兆。他希望讓這些家長知道，他們不應獨自奮鬥，而應該尋求幫助。

在這場演講中，我的主題圍繞在如何傾聽兒童想表達的話，以及讓他們有空間能探詢真實的自我。在演講的尾聲，有一位母親舉手發問。她淚流滿面地說自己五歲的兒子現在快被壓力壓垮了，原因很多，包括上學、生日派對或游泳課。她不確定自己是否應該尋求幫助，或者只要傾聽就可以了。

我審慎地糾正了她的錯誤觀念，這件事的正確處理方式恰恰相反。在年幼的孩子與家庭都覺得遇到困難時，他們就應該要尋求幫助了。問題應該在於她要尋求的是哪一種幫助。她正因為兒子遇到困難而陷入痛苦，我希望她能理解，其實有人能理解她並幫助她。我鼓勵她去尋求幫助的對象是小兒科醫生與治療師（我會在第八章會提到，在小兒科中處理孩童知覺敏銳度的職能治療師是極佳的資源），這些人能聽她傾吐故事，支持她所做的努力，替她釐清兒子做出某些舉動的動機，並想出各種方法來幫助她兒子應付特定的情緒。有時我會花上一整個小時來討論在某節游泳課或某場派對中發生的事，以便完全了解家長與孩童對這件事的觀感。我謹慎地建議這位母親，她可以從觀察「他哪裡不太對勁」開始著手。我希望大家要特別注意處理與理解這兩者之間的重大不同。

隨著時間推移，我們越加了解一件事——孩童是否理解幼年時期遇到的事情，會影響她的情緒管控能力。換句話說，若家長能引導小孩理解生日派對對她來說是一件多困難的事情，並逐一解釋細節的話，這種理解的過程會對孩子的未來產生十分正面的影響，好過於每日每夜地堅持下去或者直接放棄。在遇到這種狀況時，許多家長會煩惱該如何應對，但其實每種選擇都各有利弊。然而，若家長能向孩子解釋他們遇到了什麼狀況，孩子可以因而更加了解自己，並增長未來遇到類似狀況時的應變能力。

父母要先管理好自己的情緒

由疾病防制中心資助的一項大型長期研究逐漸揭露了一項影響深遠的研究結果，以令人矚目的證據證明了傾聽兒童與家庭是一種基本的預防。童年逆境經歷研究（The Adverse Childhood Experiences Study，簡稱ACE）源自於對於成人肥胖症的成因的研究，研究人員在研究肥胖症的成因時得到了令人訝異的成果，他們發現童年的痛苦經驗或創傷最能準確預測成年後是否會罹患肥胖症。幾十年以來的研究顯示了這種經驗——不只是小孩自身受到傷害或忽略，也包括了父母具有心理疾患、濫用藥物、遭遇家庭暴力、或者離婚等常見的狀況——會增加肥胖的機率。經歷過越多此類經驗或者ACE分數越高的人，生理與心理的健康狀況往往越容易出問題。這些幼年時期的經驗會鑽進我們的心底，潛藏在身體與大腦之中。這項研究有助於我們治療具有健康問題的成人與年齡較大的兒童，我將會在第六章另外討論這一點。

我們需要傾聽父母的故事，尤其是那些在抑鬱與酗酒中掙扎，或是因失去冷靜而抓著孩子大力搖晃的父母的故事。我們要引導父母理解，婚姻不穩定不是什麼丟臉的事，他們可以尋求幫助。孩子在遇到此類痛苦時會試圖溝通，但我們若將他的溝通方式貼上疾病的標籤，予以「控制」或藥物治療的話，我們不只截斷了孩子的溝通管道，也失去及早解決問題及預防負面影響的機會。

親子互動的品質，會影響大腦發展

我們對於發展心理學、基因學與神經科學之間的關係的研究日新月異，這些研究顯示，孩童行為不只是單純的行為，也會影響大腦的結構與生物化學機制，更證明了幼童期的精力會影響基因表現與大腦成長。近來表觀遺傳學（epigenetics，英文的字面意義為「基因之上」）的研究內容越來越廣泛，此研究注重的並非基因上固定不變的DNA序列，而是基因表達的規律。在這項複雜的研究領域中，哥倫比亞大學的研究人員在一篇精彩的探討中解釋道，親子之間的互動品質會影響大腦的表觀遺傳，改變壓力反應、思考能力與社會能力。

但這並不代表幼童的某段時間不被傾聽或不受理解會對孩子的發展帶來不可回

復的毀滅影響。我們從表觀遺傳學的研究以及對腦部可塑性逐漸增長的知識中得知，就算孩童時期的發展脫離了軌道，並受到明顯的損害，我們依然有機會在未來再次成長與改變。不過，在剛出生的頭幾個月與頭幾年是大腦發展最快速的時期，我們可以把握機會，在開端就引導孩子往健康的道路上發展。

這種幼年期的預防有許多種模式。曼徹斯特大學的約翰・葛林（John Green）與同事的研究顯示了同時傾聽孩子與父母能夠讓本來有可能罹患自閉症的孩子走上另一條完全不同的道路。他的團隊曾以兄姊被診斷為自閉症的的嬰兒作為研究對象，這些嬰兒同為自閉症患者的機率為百分之二十。他們隨機挑選其中幾組，讓心理治療師、父母與孩子一起坐在地板上，由治療師協助父母理解嬰兒的語言。該研究尚在進行中，第一期發表的結果顯示，經過十四個月的實驗後，和沒有接受支持性治療的孩子相比，與心理治療師互動的孩子所表現出來的自閉症行為特徵比較少。

雖然上述研究只針對自閉症，但與這項研究與所有在建立連結時遭遇問題的家庭息息相關。建立連結時遇到困難有可能是由於父母自身的問題（例如產後憂鬱症）、孩子的問題（例如孩子傳達的訊息令父母難以理解）或兩者皆有之。若有人能與父母建立情感關係，並提供時間與空間同時傾聽父母與孩子，就能夠讓情況有極大的改變。

有鑑於我們現在已經知道大腦具有可塑性，所以我們該問的問題不是「小孩是否罹患疾病？」，而是「我們要如何在父母經歷不確定時期（我會在第十章闡述此概念）時給予支持，讓孩子獲得最好的機會能發展出真我？」正如葛林的出色研究所顯示，在不確定時期耐心以對並不代表我們是「什麼都沒做」。

父母彼此支持，建立更強大的連結

母親嬰兒小組與父親嬰兒小組也可以創造出安全、包容且支持的環境，讓家長與嬰兒都受到鼓勵。這種小組能提供孩子健康成長的絕佳機會。若父母覺得自己受到小組支持，他們會更有力量在生理與心理方面支持自己的孩子。

在麻州牛頓市的威廉詹姆斯學院費里曼中心提供的公共服務中，其中一項是讓新手父母參加的小組。我曾有幸擔任過其中一個名為「生育後的平衡」的八周新手母親小組的諮詢者，見證了小組內發展出來的強大連結。在第一個聚會中，引導者帶動溫暖且不帶批判的氣氛，接著母親們開始分享自己的悲傷、焦慮與寂寞。在為期八周的小組互動中，我看見了非常顯著的轉變，這些母親變得更有自信，也習得許多與嬰兒相關、更艱深、更詳盡的知識。運作良好的小組能讓母親透過聚會時間獲得良好的成長與康復。

進入小組後，我的頭銜「醫學博士」讓其他人認為我很有可能是個「專家」，因此母親們紛紛對我提出各式各樣的問題。其中一名媽媽雪倫提到了她四個月大的孩子，「我要讀什麼書才能在開始時就打下良好的基礎？」

她也曾對小兒科醫師提出這個問題好幾次，但沒有一個答案能讓她滿意。她在尋找的答案是她自己也無法詳細描述的東西。因此，我並沒有直接回答她的問題，我發現對她來說，想像孩子能表達需求似乎是一件困難的事。我們到後來才知道完整的故事。她告訴小組，她在餵女兒喝奶時感受到極大的壓力，完全無法享受這件事。接著她分享了自己的經驗，她的女兒從每兩小時吃一餐逐漸變成每天吃三餐，這讓她覺得很煩惱。

艾莉森出生時只有五磅重。「我要怎麼知道我給的夠多了？」雪倫問。她的聲音沙啞，流下眼淚。她因為艾莉森的身體孱弱而感到非常害怕，但她過去從未提起這件事，而這些恐懼讓她開始質疑艾莉森是否健康。「但是，」她猶豫地說，「我知道她是個健康、活力充沛的嬰兒。」雪倫需要的其實是有人能認可她與生俱來的直覺。

接著她對著安靜的小組繼續說了下去，她提出了更深的顧慮——她丈夫的焦慮。她丈夫比她還要擔心嬰兒的體重。雪倫擔心他會提出質問，動搖她對艾莉森的健康狀態的信心。婚姻中的問題與對於嬰兒出生時過輕體重的擔憂讓她難以釐清自己該如何當一個母親。她與丈夫都還在摸索父親與母親這兩個角色，他們需要彼此支持，而非相互消磨。

把故事說出來之後，雪倫開始能和自己與生俱來的直覺建立更強大的連結，也漸漸覺得孩子能帶來快樂。這個小組中的另一位母親敏銳地發現，我們活在書籍與網路資料爆炸的年代，美國社會中的各種建議正在削減父母與生俱來的直覺。

近期刊載在《兒科學》（Pediatrics）期刊上的一篇文章「良好兒童照顧在教育

上的必要性」也提到了這個議題，該文章呼籲小兒科醫師要詢問「開放式問題」，並輔以「期前指導」（anticipatory guidance）。期前指導是T・貝瑞・布列茲頓發明在一九七五年發明的術語，他將這個概念合併在接觸點理論與課程中，期前指導讓我們在發現孩童天生的不足時能事先指出下一發展階段的里程碑，預防可能出現的問題。但正如我在下一章節會提到的，現代的小兒科醫師在壓力之下被迫必須要在越來越短的時間內診療越來越多名病人，他們現在缺乏的不是開放式的答案，而是時間。

我們可以想見，若雪倫沒有機會說出自己的擔心，之後她對於嬰兒的飲食習慣的憂慮會變得多強烈。父母因嬰兒脆弱的身體而表現出的焦慮，很有可能會在未來導致孩子與飲食的關係變得扭曲。針對她的問題，小兒科醫師給出的答覆都是一些營養方面的標準建議。但這些建議對她來說都沒有用，因為她並沒有提出問題的根源。小兒科醫師只能再三告知她，孩子的體重在所有嬰兒中落在哪個區段。後來雪倫在小組中說了一段話，這段話跟溫尼考特提出的真我概念互相呼應：「我不想要她只是一個區段數值——我希望她是一個個體。」

透視三歲兒的挑戰行為，親子關係更和睦

當我們提及將資源投資在幼童時期時，大多指的都是在腦部快速成長、上兆個腦細胞相互連接的階段。若有人覺得「上兆個腦細胞」聽起來有點抽象，只要花點時間觀察學步兒的思想能力、語言能力與動作能力如何出現爆炸式的進步以及如何逐漸發展出獨特的個性，你就會覺得這種「科學名詞」變得很具象。宇德西吉特・巴塔查爾吉（Yudhijit Bhattacharjee）最近發表了一篇關於生命的第一年的文章，她在文中以出色的方式將腦科學與令人驚奇的孩童發展並列而論：

若說一組細胞成長為嗷嗷待哺的嬰兒是個生命的奇蹟，那麼站都站不穩的嬰兒轉變成會走路、會說話、會爭執上床時間的學步兒也必然是個奇蹟。我在替本書做調查的期間便親眼見證了這樣的奇蹟，我的女兒從只會用刺耳哭聲告知飢餓的不安嬰兒，長成了活潑的三歲學步兒，總是堅持要在離開家門之前戴上太陽眼鏡。

傾聽學步兒及其父母讓我們有機會理解這種奇妙的轉變過程。在美國文化中，父母可能不會有時間在適應後為新生兒的誕生感到喜悅，父母可能不會有機會靜下來思考孩子這段主要的發育轉變（尤其這段期間有很多家庭剛好又產下第二胎）。

孩子會在這段時期發展出更複雜的自我意識，但大眾通常不認為這段期令人期待，人常常把學步兒稱之為「可怕的兩腳怪」。家中的新成員突然有了說不的能力後，整個家庭的狀態都有可能因此動搖，不過，若我們願意花時間留意，或許就能修復孩子這種與生俱來的破壞力。然而，在較忙碌的家庭中，負面的互動模式很有可能會讓這種破壞力在暗地裡扎根。諾亞的故事就是個標準例子。

三歲的諾亞與我診療的其他幼兒不同，他的父母亞當和珍妮特都說他在嬰兒時期很好照顧、很「惹人喜愛」。然而，就在他即將要兩歲時，他的弟弟出生了，沒多久後他們開始注意到諾亞有他們所謂的「挑戰」行為。他們說，家中的日常事務變得充滿衝突與怒氣。諾亞時常被隔離，他對弟弟的態度變得越來越兇。在諾亞於新的幼兒園中出手推擠其他小孩後，他的小兒科醫師將他們一家人介紹到我這裡。他們擔心諾亞可能會被「開除」。

在首次診療的前三十分鐘裡，珍妮特和亞當用相當負面的詞彙描述亞當——「具有控制欲」、「叛逆」、「固執」，以及模稜兩可，而最後一個詞通常會與負面的「頑固」放在一起。在安靜且時間充裕的診療室中，他們在後來開始放鬆下來，更深層的悲傷逐漸浮現。珍妮特難過地說，她想要再次與兒子建立充滿愛的關係，她想擺脫如今幾乎塞滿每日生活的怒氣。在離開之前，她像是才突然想起一般，提起她在生第二個孩子威爾的時候難產了。

我在第二周再次見到諾亞一家，我開啟了上周的話題，而諾亞則在一旁玩玩具。讓珍妮特緊繃的怒氣似乎消失了一些。她提到要「放下」，不再事事與諾亞針鋒相對。和上次相比，屋內的氣氛產生了細微的變化。但當她又有機會流露出沮喪的情緒時，她說起在最近一次出遊的過程中，諾亞有多麼「麻煩」。就在這時，本來冷靜玩玩具的諾亞突然把一個玩具用力砸向金屬櫃，打斷了我們的對談。我、珍妮特和亞當都發現，諾亞顯然把我們說的話聽進去了，因而對負面的語言做出反應。或許這是個適合提起諾亞的弟弟難產一事的好時機，既能轉移負面的注意力，又能讓我們更了解這一切是如何脫離常軌的。

事情發生在七月四號，那時距離預產期還有一個月，他們正在參加家庭聚會。珍妮特在聚會中途突然感到不適，亞當便帶珍妮特前往醫院，將諾亞留給祖父母照顧。珍妮罹患有嚴重的子癇前症，在當晚緊急剖腹產，順利生出了威爾。珍妮特在生產後，又在加護病房插管治療了好幾天。威爾則因為多重併發症住進了特別照顧育嬰室。母子二人後來都逐漸恢復了健康。但威爾是個哭鬧不休的嬰兒，幾乎從不睡覺。

珍妮特說到威爾的一歲生日時，他們夫婦才終於允許自己首次真切的感受他們有多害怕。珍妮特想起那段日子，說她「很慶幸他們都還活著」。他們必須同時照顧學步兒與需要高度注意的嬰兒，兩人都沒有機會好好思考這段生命中的巨大裂痕，也沒有機會考慮這會對他們及諾亞造成什麼影響。珍妮特告訴我，她那時甚至沒有機會讓諾亞有心理準備，只能溫柔地告訴他「我看起來可能不太好。」因此，加護病房的景象可能把諾亞嚇壞了。

現在我們可以試著重新理解他的「挑戰」行為了。在他學著認識並控制學步兒時期大量出現的感受時，他的父母的心思卻不在他身上，又處於高度壓力中。我建議我們可以往發育問題的方向思考，或許弟弟出生後引發的這些事件，讓諾亞在情緒控制能力的發展上有些許落後。他生氣的時候，就像最近出遊發怒的那次，他需要的是支持與限制，要用把他當作更年幼的孩子來對待。他的表達能力超前，導致父母難以發現他在情緒上的不成熟。

要離開辦公室時，諾亞向我們示範了何謂「挑戰」行為。他的父母告訴他該收拾玩具離開時，他卻說他想吃點心。珍妮特與亞當都拒絕了，要他回車上再吃，但諾亞堅持要在這裡吃，並拒絕幫忙收拾玩具。房內的氣氛立刻變得緊繃。

我藉著這個機會即時傾聽並重整眼前的狀況。「說不定離開這裡會讓他感到有壓力，吃點心能讓他冷靜下來。」「可是，」亞當說，「這不就代表我們對他的操縱行為妥協了嗎？」我再次試著用不同的角度解釋眼前的狀況。亞當還是居於主導的位置。他可以決定是否要協助諾亞轉變情緒，避免他開始哭鬧。

過了幾周後，我再次和珍妮特碰面。她告訴我狀況已有顯著的改善，「百分之七十五的問題都消失了」，諾亞和弟弟之間的關係越來越和睦了。我們用幾個小時的時間，提供充裕的時間與空間傾聽故事，讓諾亞一家有機會暫時休息，走向不同的道路。雖然我們無法看見「上兆個腦細胞相互連接」，但可以觀察得到傾聽在行為與關係上帶來了戲劇性的改變，由此可知，傾聽的確改變了大腦。

理解行為，比解決行為更重要

我提到的這些故事都成功地重新定義行為，並帶來顯著改善，不過這並不代表單單幾個傾聽療程就解決所有問題，或者永久修復關係。這種聚焦的治療方式能幫助親子在接受診療時建立連結，讓家庭關係和孩子的發展進入不同的軌道。未來必然還會出現新的問題，有可能來自生活中的壓力或孩子的發育狀況，甚或同時來自兩者。發展的本質一直都需要此種傾聽。

珍妮特在診療結束一年後致電給我，她說諾亞又出現了攻擊行為，她感到很擔憂。諾亞在學校表現得很好，交了一些朋友，認真向學，沒有因為攻擊行為惹上麻煩。在我們見面時，珍妮特因為不再擔心諾亞會被學校開除，而減緩了不少最初的恐慌情緒。她發現，過去在我這裡診療之後造成的部分改變能維持很久。

在一小時的診療過程中，她告訴我她現在懷孕了，要買一間更大的房子。他們最近剛把現居的房子掛牌出售。他們對於這些改變心懷疑慮，最擔心的是要讓諾亞適應不同學校，導致家中的氣氛越加緊繃。他和亞當又恢復了舊習性，輕易把怒氣與沮喪轉移到諾亞身上，畢竟在兩個孩子中，諾亞是較能適應壓力的那一個。他最近新形成的情感調節技巧會輕易「下線」。

這種退步是很常見的問題。精神科醫師布魯斯・佩瑞發明了一套治療模式：治療性神經序列模式。佩瑞發現，孩子在發展時經歷的挫折時，會在壓力之下退回最初遇到該問題時的發展狀態，他以此發現為基礎發展出了這套治療模式。退步的現象發生時，我們應以對待初期發展階段的態度與孩子相處，依序解決問題，如此才能提供最佳機會讓孩子恢復與年齡相當的行為。

珍妮特和亞當藉由這次的機會重新整理，在回到正軌、重新釐清界線的同時，也提供孩子支持。他們不再試著在諾亞哭鬧時和他講道理，而開始回想我們初次見面時，在這裡學到的處理方式有多大的影響力，能夠傳達愛與安心感。我們初次合作的經驗帶給他們一套互動的模式，他們沒過多久後便重新出發，再次回到順暢的軌道上。

諾亞與父母間的問題在面臨生活中的壓力時復發。寶拉和伊恩的故事讓我們看見新的問題不只來自於外在事件，也會來自於發育的新階段。寶拉罹患了嚴重的產後憂鬱症，我初次接觸寶拉和她的嬰兒時，她才剛出院。我協助他們從明顯的破裂關係中找到新方向，他們當時做得很好。幾年後，寶拉致電給我，她擔心伊朗現在開始「不聽話」了，她告訴我，診療後的兩年是她「人生中最棒的兩年」。但現在的生活每天都像是一場戰爭，尤其是在準備去學校與準備上床時。

寶拉初次診療時帶著伊恩，她說她覺得自己在伊恩還是嬰兒時「拋棄」了他，因此一直覺得很羞愧，這種情感讓她感到疲憊。她告訴我：「我曾經拋棄過他一次，之後再也不會發生這種事了。」而如今，伊恩已經長大到應該離開他了。她凡事都替他準備好了，導致伊恩從沒遇到任何挫折。但她替伊恩做太多事了，成為了「太好的母親」，這已經對伊恩造成了阻礙。她必須安心放手，讓伊恩知道，離開母親是沒關係的。或許伊恩一開始還是會拒絕上床，不想去幼兒園，但寶拉應該確實地訂下界線，不能再默許伊恩的行為。一旦我們釐清了寶拉的情緒為何，她便覺得伊恩在面臨分離（上學與睡覺）時的抗拒行為不再那麼令她憂慮了。

養育孩子的旅途中，每一步都需要耐心與敏感地傾聽。我們無法避免新的問題，也總是會不斷擔心孩子是不是「出了什麼問題」。標籤病症與快速解決問題的誘惑會一直都在。

但若能讓父母在孩子還小時體驗到細心傾聽帶來的改變，他們就會在遇到新問題時知道自己要追求理解，將孩子的發育轉回正軌，而非一味尋問「我要怎麼解決這個行為？」

伊凡進入大學第二年的尾聲時，他的行為呈現出發展光譜另一端的狀態，我和他的母親克萊兒就此事進行了一次對話。伊恩在那一年再次表現出過去的焦慮行為。克萊兒會在收到他煩躁時發送的簡訊後立刻回復，但她發現這種反應會讓自己被捲入難以應付且每況愈下的對話中。她告訴我，他們在一起討論這件事時她才知道，她之所以會立刻對伊恩的壓力做出回應，是因為她怕伊恩會覺得母親忘了他——這種恐懼來自於克萊兒的童年經歷。「他並沒有那種感覺。」她在那瞬間頓悟了。「恐懼源自於我自己，」她說，「不是來自於他。」看見這個事件的本質後，她至少會在收到簡訊後經過一小時再回覆伊凡。母子兩人很開心地發現，這個分法能讓伊凡脫離無助與混亂的狀態。克萊兒告訴我，現在伊凡準備要到海外留學一年，這是他們在一年以前都無法想像的是。

我們現在已知道，在家庭關係中，傾聽是非常重要的，從嬰兒時期開始傾聽能讓我們抓到預防的良機。不過無論幾歲，只有輔以足夠的空間與時間，傾聽才會有效果。「我沒有時間能留給自己。」我聽過父母這麼說，也聽過專業人士說他們沒有足夠的時間能傾聽。這並非毫無根據的抱怨，而是問題的核心。我會在接下來的章節解釋，為什麼時間長短與物理空間的大小會影響到傾聽對於治療、發育與適應能力的作用。

第5章 傾聽的時間與空間

心理分析學家史戴分・格羅茲（Stephen Grosz）在他的著作《說不出的故事，最想被聽見》中，提供了一個美麗的例子，由此例可知時間與傾聽之間有何關聯。他在書中提到，他在研究過度的無意義讚美對孩子有何影響時，觀察一名資深教師的行為：

我看著夏洛特陪著一名正在畫畫的四歲男孩。他停下筆來看向她時，或許是在期待受到讚賞，她對他微笑道：「你的圖畫上面很多藍色。」他回答：「這是我奶奶家旁邊的池塘，那裏有一座橋。」他拿起一支棕色蠟筆，說：「我畫給你看。」她不急不徐地和孩子說話，更重要的是，她在觀察，她在傾聽。她的心思專注於當下。

生活在凡事都講求快速的現代社會中，我們常會覺得受到時間的壓迫。年幼孩子的父母在一整天的長時間工作後疲憊地返家，他們難以獲得「有品質的時間」。我們不懂為什麼孩子總是要在晚餐前哭鬧。直到我們放慢速度，花時間理解孩子哭鬧的目的，才會發現，顯然孩子需要我們專注於當下「專心陪著我」。孩子會在不適當的時間哭鬧，可能是因為他整天都很緊張，現在終於感到安全，才會開始哭。但已經筋疲力竭的父母可能會認為發脾氣的孩子正任性地「讓我們的生活更艱難」。在心中充滿怒氣與沮喪時，要放慢速度，甚至停下腳步傾聽是件困難至極的事。一位母親在與我對談時，發現自己也陷入了這種對彼此毫無幫助的相處模式中，她在後來巧妙地適應了這種兩難的情況。在她花了冗長又疲憊的一天處理辦公室內的一團混亂後，她三歲的女兒對於幻想遊戲的需求，讓她負擔過重的大腦幾乎無法承受。但她發現，若讓女兒坐在她腿上一起畫畫，她們就能有機會能建立連結，而且這項活動可以讓雙方都冷靜下來。

布麗吉德・舒爾特（Brigid Schulte）的新書《不甘重負》（*Overwhelmed: Work, Love, and Play When No One Has the Time*）中指出，美國的母親與丹麥恰恰相反。丹麥的母親很重視、很保護不須照顧孩子的閒暇時間，美國的母親則平均每天只有三十六分鐘的時間是屬於自己的。我的瑜珈老師曾在以色列授課一年，在以色列的母親上課時，孩子可以送去托育，用她的話來說就是「那些母親有權利照顧自己，如此一來她們才能照顧家庭。而以色列非常鼓勵、支持她們行使這種權利。」

瑜珈老師在她的工作室中讓我們體驗她在以色列的感受，她在每堂課的開頭都會花數分鐘與我們分享想法，提出每堂課的主題，並反思生活中有多少經驗都「和瑜珈一樣」。這段時間協助我們融入課堂，專注在當下的課程中。我在大巴靈頓的一間小咖啡店裡撰寫這本書，店內的常客都很平凡，室內總是有低沉的對話聲嗡嗡作響，在我有足夠時間工作時，這裡能讓我感到寧和平靜。就像做瑜珈一樣，我會在寫作前花一點時間融入，寫下一些隨筆以及最後會被刪除的字句，最後才會找到我真正希望的溝通方式。

一名懷了第三胎的年輕母親想要知道，他「不聽話」的三歲兒子出了什麼「問題」。這名母親最近剛被診斷出ADHD。她在沒有他人支持的情況下肩負太多工作，因而導致長期的缺乏睡眠，但醫師不認為她的注意力渙散來自於缺乏睡眠，而判斷她罹患了精神失調。她承認自己時常會大罵兒子，並「失去冷靜」。我們發現這些問題的根源都在於沒有足夠的時間與空間。她的丈夫找換了新工作，工作時間與通勤時間都很長。她不但沒有時間顧好自己，也沒有空間，因為房子的主結構正在翻新，她和孩子都沒有安全的地方可以遊戲。最初治療她兒子的「問題行為」時，我將重點放在協助她創造家中的安全環境，匀出時間去健身房。而後她發現運動能讓她冷靜下來，回歸她過去的生命中最常見的安寧狀態。若父母無法花時間照顧自己，尋找孩子身上的問題帶來的壓力可能會變得更大。

美國文化普遍缺乏時間和空間，而能否保護時間與空間則和生活息息相關。這一章的重點在於，為了「問題行為」評估與治療孩子會如何影響我們的生活環境。由於美國的精神科診斷與治療相關資訊大量增加，我們現在十分缺乏冷靜思考的機會。溫尼考特在過去擔任心理分析學家時理解到，父母的生活也很重要。預約時間的準確性、房間裡寧靜而安定的氣氛，以及醫師專注於病人的當下，這些都是非常重要的一環。我在多年前曾有幸接受一名治療師的診療，他深受溫尼考特的影響。我已經停止診療很久了，現在每當我因為工作、家庭或其他壓力因子而陷入困境，發現自己越來越心神不定時，我都會暫時停下腳步。我會深吸一口氣，想像自己回到了他的診療室。我們在診療時說的話當然很重要，但單單是知道他在寧靜而舒適的診療室中專心聽我講話，就能讓我冷靜下來，自我調節。這段經驗是治療的核心，我在多年後還是能善加利用。

我們並不需要無窮無盡的時間。事實上，在心理治療的領域中，療程的結束就和療程的開始一樣重要。無論是孩子、父母還是專業人士，都必須入世，同時也必須保留時間，知道有人支持、傾聽並認同我們。對第二章的伊凡來說，他的父母在電話中傾聽他，同時也鼓勵他堅持到底，給生活一個機會，成為他所需要的「治療」。他的努力與校園中的人際關係引導他尋獲機會，在成年後獲得支持他的生活環境。

一如發展狀況脫軌的孩子，父母也需要我們花時間傾聽，而非立刻跳出來提供建議。治療孩子的專業人士可以協助父母重新回想起他們與生俱來的專業技巧。我會告知遭遇困境的家庭我有餘裕時，遇到任何新的緊急狀況都可以回來複診，我們會一起努力，直到父母能夠堅定地說：「我們處理得來。」

讓心靈感到安全，就能建立連結

在感到不安時，建立連結與社交參與感是很困難的事。進入診療室的父母可能外表看似冷靜而有條理，但心中其實充滿壓力、恐懼，甚至羞愧，他們都想著：「我的孩子是不是出了什麼問題？」而這個問題必然會帶來上述情緒。談論過去會讓他們覺得受到威脅。我發現每次診療的前半段與後半段的氣氛與感覺都截然不同，就算患者是曾來診療過的父母也一樣。我們有充足的時間可以述說故事，我會不帶批判地接受他們的各式情緒，這些條件會讓受威脅的感覺消退。

父母在說出故事後的放鬆狀態總是讓我吃驚。我有時會想，這或許是因為我的頭銜是「小兒科醫師」而非「心理治療專業人員」。現代社會依舊嚴重汙名化心理疾病，父母在帶孩子向心理治療師或精神病醫師求助時會覺得受到威脅，因而在面對我的時候心懷警戒。他們可能要花上好一段時間才會感到安全。

我本來在一般小兒科診所從醫，在數年前改為專門診療行為小兒科，這當中唯一改變的事就是診療時間的長度從十五分鐘變成一個小時。但這麼一個簡單的改變卻帶來了戲劇性的結果。受診療的家庭與我可以在這段時間裡平靜下來。一般來說，一旦父母能逃離瘋狂的生活節奏，有時間訴說與被傾聽，他們的行為會產生戲劇性的改變，從緊張與生氣轉為安穩、平靜甚至傷心。我則會深吸一口氣，讓自己專注於當下。孩子從心緒不寧地四處探索，轉為專心致志地玩耍。有時孩子會因為父母改變語調而不由自主地跑過來給父親或母親一個擁抱。每當遇到這種重建連結的強烈時刻，我都會覺得手臂發麻，眼中蓄滿淚水。我們不把時間花在行為管理、父母訓練或者父母教育，而只是傾聽，就能讓父母、孩子與我的身體與大腦都產生變化。

孩子的行為有可能會讓父母覺得受到很大的威脅。在大庭廣眾之下哭鬧可能會讓父母感到羞愧。又或者從更深的曾面來說，父母有可能在孩童時期受到虐待，而學步兒失去控制、大哭大鬧的舉動有可能會致使父母做出過度反應，封閉情感。父母為了遭遇困境的孩子向專業人員求助時，也有可能會做出類似的封閉反應。

為什麼在遇到這種情況時，我們的身體與大腦會封閉所有連結呢？卡羅來納大學的神經科學家史蒂芬・伯格斯做的研究可以帶領我們一窺生物學在其中的作用。伯格斯認為人類需依靠「神經接收」（neuroception）確認身處的環境是否安全。在伯格斯發表這項發現之前，學界認為我們在與環境互動時，神經系統有兩種不同的運作方式。當我們感到安全時，副交感神經系統會變得活躍，讓我們能保持冷靜與專注。在我們受到威脅或感到恐懼時，活躍的則是交感神經系統，此系統能控制眾所周知的戰或逃反應。而伯格斯提出了神經系統的第三種反應機制，這種機制一樣受到副交感神經系統的控制：在面對過度的威脅時，我們會封閉情感。副交感神經中有兩種不同的迷走神經，分別控制了專注與封閉，而交感神經帶來的反應則屬於中等強度，居於者兩者之間。他將此理論命名為「多重迷走神經理論」（polyvagal theory）。在我們放鬆地接受擁抱、凝視他人雙眼、傾聽和建立連結時活躍的神經，被他稱之為「聰明迷走」。我們在感覺到危險時會進入第二階段，交感神經的戰或逃反應在此時出現。第三階段則由副交感神經中他命名為「原始迷走」的神經掌控，原始迷走神經會在遇到過度威脅時變得活躍，引發「凍結反應」，促使動物假裝死亡。

這項發現與父母關係重大。他們會在面對孩子的行為與置身醫生的診療室時覺得受到威脅，但想要保護孩子的天性使他們無法產生戰或逃反應，因而壓制了交感神經的反應。這時，更原始的壓力反應便佔了上風。在原始迷走神經的影響下，連耳朵的肌肉都會無法正常運作，致使傾聽的能力受到生理上的影響。臉部肌肉（達爾文認為臉部肌肉是情感表達的核心）則會對原始迷走神經產生不同的反應。臉部肌肉僵硬是我們常稱之為解離的外顯表現。

伯格斯的多重迷走神經理論能幫助我們理解，為什麼花時間在安全而寬容的環境中接受不帶批判的傾聽，能讓父母與孩子康復。研究創傷的精神病醫師貝塞爾・范德寇（Bessel Van der Kolk）替伯格斯的書籍寫了前言，他提到：「伯格斯解釋了為什麼親切的表情和舒緩的語調能夠戲劇性地改變改變人體的所有系統——也就是說，為什麼被看見與被理解能協助人們脫離失序而恐懼的狀態。」在前半個小時的診療中，父母逐漸適應環境，開始覺得安全，威脅的感受逐漸消失，聰明迷走慢慢恢復運作。這種反應使他們有機會建立連結。

遊戲，能讓孩子玩出潛力

溫尼考特將他的診療室與診療時間視為某種遊戲空間。「孩子與成人必須在遊戲的時候，也只有遊戲的時候才能發揮創意，充分利用人格特質。而唯有發揮創意能使個體發現自我。」

在同一本書的後半段中，溫尼考特指出了空間與時間在治療中扮演了何種角色。他認為心理治療必須「讓人有機會體驗模糊的經驗，體驗創意的衝動、動作與感知。這些都是與遊戲相關的體驗。」溫尼考特的「遊戲」指的並非「遊戲治療法」，而是讓治療對象（通常是個孩子，更廣泛一點來說也包括成人）坐在地板上，觀察之後發生的事。

二〇一四年在巴林頓表演劇團首次演出的表演《舞蹈課》提供了絕佳範例。表面上看來，這部戲的在講的是一堂舞蹈課。一名受傷的舞者不情願地同意花上一個小時授課，授課對象是一名身患亞斯伯格症候群、和她住在同一棟公寓的青年。

一開始，兩個角色的設定看起來十分老套，青年笨拙地用DSM診斷自閉症的標準來定義自己，舞者則一邊大量飲酒，一邊對於自己意外落下的殘疾大吐苦水。隨著兩人的關係越來越好，觀眾會透過演員的獨白漸漸理解這兩個角色複雜的個性。兩人在關係更加親近後，開始與對方分享自己失落而痛苦的過去經歷，漸漸發現彼此其實沒有那麼不同。戲劇的結尾美好而愉悅，兩人各自坦言傾訴自己的缺欠，優雅地一起跳舞蹈，彼此遊戲，治癒對方。

一如我們所知，親子關係也像是一場複雜難懂的舞蹈。有時跳舞中的人動作不協調，不斷踩到彼此的腳趾。在治療師傾聽父母與孩子說話坐在地板上遊戲，也是一種舞蹈課。父母和孩子感覺到安全與自由後，便可以慢慢學會如何優雅地跳舞，在親子關係中找到喜樂。

為了強調創意與心理健康之間的關聯性，麻州肖諾的奧思丁瑞格中心每年夏天都會主辦一場創意研討會，邀請心理健科醫師與不同領域的藝術家，一起探索各種富有創意的方法。M・傑拉德・佛洛姆將每年由於此研討會而發表的論文集結成冊，出版了《激勵人心的精神》（*A Spirit That Impels*）一書，他在前言中提到一位同行告訴他的小故事。那位同行有幸曾目睹溫尼考特工作的狀況，他提到的那次診療中，患者是一名年輕的母親及她三歲的兒子。

「他坐在地板上跟孩子玩，那位母親則坐在沙發上與他對話。她告訴溫尼考特，她兒子本來一直很惹人喜愛，但最近突然變得非常暴躁又任性。最糟糕的是，如廁訓練的狀況大為退步，現在孩子出現便秘的狀況，讓她很擔憂。他們是工人階級的家庭，孩子的父親有兩份工作，工時很長，而孩子的母親已經無計可施了。」

佛洛姆的同行說那位母親完全不知道這是怎麼一回事，但在診療結束前，溫尼考特轉向母親說：「那麼，你懷孕多久了？」那位母親被這個問題嚇了一跳，她說她沒有告訴任何人，但溫尼考特認為她兒子知道這件事，並建議她和兒子談談。幾個星期後，那位母親在回來診療時告訴他，她的兒子不只「變回快樂的孩子」了，便秘的狀況也完全解決了。溫尼考特運用在工作上的活潑方法正好與現今心理健康治療的僵硬制度相反，如今我們運用的盡是評估工具與標準化表格。用問題堆疊出的體制只能得到被限制的答案。現今的體制缺乏遊戲，而唯有遊戲才能引領我們理解，並找到有意義的解答。

我的工作並非透過遊戲協助孩子表達自己的想法與感受，也就是所謂的遊戲治療法。我的工作目標是運用類似於溫尼考特的方法，能將玩樂帶入評估過程中。我會希望患者與我一起坐在地板上，看看會發生什麼事——孩子甚至有可能不打算玩遊戲，這種做法會讓我們都感到自由，進而呈現出我們如今的處境。我不知道溫尼考特是如何在診療過程中看出孩子的母親懷孕一事，但顯然他那位母親「隱藏」的資訊與她坐在椅子上有關。在我能控制我自己以及父母對於缺乏體制的緊張感後，我也掌握了類似的洞察力。

伊萊莎的父母由於女兒「害羞」的行為而感到困擾，因而來找我。他們努力忍耐女兒在診療室的拒絕溝通，不斷要求她和我說話。我在知道他們的女兒喜歡唱歌後，問她是否願意唱首歌給我聽。一開始她一語不發，但後來她轉身背對我們，用微弱得幾乎聽不見的開始唱歌，接著她越來越有自信，唱完了整首歌。她很滿意自己的表現，她的父母則開心地鬆了一口氣。在一小時的診療中，她放鬆地遊戲，並開始與我說話。

在另一個案例中，一對父母擔心他們四歲的兒子雅各可能罹患了雙極性障礙。他們告訴我在家裡遇到的問題時，雅各開始失去控制，那時他的父母正坐在沙發上，而雅格爬到了他父親身上，戳他的臉。我當時想出了一個有創意的方法，我建議先把我們的談話暫停五分鐘，邀請雅各的父母一起坐到地板上遊戲。雅各立刻恢復了冷靜而專注的狀態。五分鐘過後，我要雅各自己遊戲，我則繼續與他的父母談話。他持續玩了四分鐘——我當下就用錶計時了，接著再次爆發，變得煩躁而憤怒，一邊尖叫一邊搥打他的母親。這次，由於他們告訴我雅各喜愛音樂，因此我建議他的母親用手機播放一首他喜歡的歌。他立刻又回到安定而沉靜的狀態，專注地聽音樂。他們已告訴我雅各突然改變行為並轉換情緒，而診療室中發生的事證實了他們的話。而且，雅各在自由遊戲的狀態下「生氣」，讓他們開始對這種轉變有了頭緒。他們不只觀察出他的情緒轉變與注意力分散有關，也發現了能讓他脫離失序狀態的幾個方法。他的行為不再讓他們覺得不可預測與無助。

在花了一個小時的時間進行體制外的遊戲後，他們在最初因評估產生的緊張感通常會漸漸轉換為放鬆與冷靜。就像《舞蹈課》這部劇一樣，我們進行的一個小時診療就像是獨白一樣。溫尼考特曾說：「在這種非常獨特的時刻，個體可以團結在一起，成為一體，不再需要抵禦外在的焦慮，只要想著我存在、我是我自己，以及我活著。從這個角度看來，一切都充滿了創造力。」

擁有舒適家具的空間，能讓親子更自在

在上一章提到的每週育兒小組中，物理空間帶來的治癒力量是顯而易見的。育兒小組聚會的空間非常大，牆上有好幾扇落地窗，讓我們有機會伸展與放鬆。母親們抱著包裹在毯子中的嬰兒坐在地上，圍成一個圈，若嬰兒睡著了，就讓嬰兒躺在嬰兒背帶裡。若有嬰兒在討論中哭了起來，他的母親可以利用旁邊的大型彈跳球安撫嬰兒。在全神貫注地說故事時，各個母親時常一邊說，一邊把嬰兒抱到旁邊的尿布臺去。就連寬敞的停車場也能增加空間感，減少她們從家中開車到這裡時感到的

壓力。

嬰兒的母親時常成群結隊地進入房間，從走廊遇見彼此時就開始分享：「他整個晚上都不睡覺。」或者「我下個禮拜就要回去工作了，終於可以鬆口氣。」或者「我岳母想要幫忙，但她讓我覺得好像我搞不清楚自己在幹嘛一樣。」

她們會在開頭的十五分鐘逐漸安定下來，在嚴寒的冬天就先替嬰兒脫下禦寒的衣物，接著抱抱別人的孩子，繼續簡單地分享自己的故事。育兒小組持續了八個禮拜，每次持續一個半小時。她們會在午餐時間以及網路上繼續談話。嬰兒的年齡從數週大到數個月大都有。

育兒小組在進行談話時，嬰兒會不斷重複睡著、醒來與環境互動、不開心、哭泣與進食的狀態。許多嬰兒的母親是第一次做這些事，但她們會一邊依直覺引導嬰兒度過這些不同的狀態，一邊進行深刻的談話。小組的談話方式十分鬆散，她們依照每次的主題進行對話，諸如維持與配偶間的關係、回到職場，或者睡眠障礙等。小組組長會先讓每位母親花一點時間告訴大家這個禮拜過得如何。接著組長會溫和地引導談話內容，提供支持並仔細傾聽。不可避免地，她們有時也會談論到痛苦而深刻的感受。

「我的丈夫一直讓我覺得很生氣。」一名母親說道。但她的怒氣同時也讓她感到困惑，因為她的丈夫提供了很大的協助，總是在結束工作回家後，立刻接手照顧孩子，盡其所能地幫助她。「我不認為他還能做得更好了。」她說。但她痛恨這些不斷糾纏她的憤怒。她說她一直很憂心，接著坦白地告訴我們，她曾罹患嚴重地焦慮症，還在進行藥物治療。「我想，」我問她，「說不定你是在忌妒他不覺得焦慮。」她留下了認同的眼淚。小組成員提供了寧靜與尊重，讓她有時間處理這項新判斷。其他母親也分享了類似的經驗。透過描述自己對丈夫的感受，那位母親放下了心中那股使人疲倦的怒火，她表達出真實的感受，並開始運用丈夫提供的協助。

在小組組長的引導下，這些母親在這九十分鐘裡和其他母親以及嬰兒一起專注於當下。我在這八週中以訪客的身分參與其中，我發現在這九十分鐘裡，這世上的其他事好像都不再存在了。育兒小組的文化反映出時間與空間對於專注於當下有多重要——母親及嬰兒都一起專注於當下。一名小組組長對此做了明確的描述：

身為新手媽媽小組的主持人，我的目標是創造一個安全、友善的空間，讓各位母親可以「說出真正想說的話」，坦白地談論自己的經歷。我們在剛成為父母時會經歷許多跌宕起伏，新手媽媽常會接收到非常多育兒的資訊與建議，但卻沒有空間能訴說自己的感受與經歷。新手媽媽需要不受批判的空間，談論、發洩、說話和表達她們的感覺。

明亮地平線公司所執行的明亮空間專案也證明了物理空間的重要性。明亮空間專案專門在遊民收容所與其他機構建立「溫暖而安全的寬裕空間」，提供給遇到困難的孩子居住。明亮空間提供舒適的空間與家具，讓孩子和家庭能住在令人喜愛且感到自在的空間裡——一個能夠「透過遊戲以及童年的歡樂經驗建立關係並治療創傷」的空間。

一名在明亮空間工作的同行說，她在那裡診療過幾位因為家暴而帶著孩子住進遊民收容所的母親。她說自己和那幾位母親與孩子「玩在一起」，她很努力地想要「建立信任與連結感」。他們聊了很多話題，許多媽媽都分享了懷孕時的故事。這些對話常常會轉到「行為問題」以及對藥物治療的疑問上。許多母親都曾經接受過藥物治療，她們的孩子似乎也只能走上同一條道路。

那位同行說，明亮空間設計的物理空間能激勵這些母親，讓她們覺得自己是重要的。在舒適而融洽的環境中，她們會開始對孩子的行為感到好奇。她說：「我認為這種『玩在一起』的機會能讓媽媽們有安全的空間，像我分享她們的故事，並開始思考自己的孩子會有什麼樣的故事。」

第 3 部

有口難言的孩子

第6章

勿促貼上標籤或訴諸藥物

心理分析學家麥可・巴林在他的著作《醫生、他的病人與病痛》的前言中提到：「重要的不只是裝藥的罐子或盒子，還有醫生如何將藥物交付給病人，事實上，重要的還有病人拿取藥物時的氛圍。」

一篇以哈佛教授泰德・J・卡普區克（Ted J. Kaptchuk）的研究為基礎的文章在談論到安慰劑效果時提出了類似的觀點：「聰明的醫護人員會依靠個人經驗發現，那些『其他東西』——尊重、注意、安慰、同情與碰觸，可以在毫無欺瞞的狀況下達到藥物治療帶來的大部分效果。有時候藥物處方是後來才加上去的。」你可以把安慰劑效果當成另一種形式的傾聽。醫生開立藥物這個動作是在告知：「我聽見你了，我理解你的痛苦。」

在藥廠和健康保險公司的影響下，藥物治療有了翻天覆地的變化。藥物被視為最基本的醫療處置，而人與人之間的關係，也就是值得重視與留意的「傾聽」則被歸類在「其他東西」。

最近我收到了一封電子郵件，邀請我填寫一份非學術研究問卷——以個體在醫生沒有開立處方箋時使用ADHD藥物為主題，填寫後會收到一張漂亮的亮面海報，上面充滿了現今可用於治療ADHD的藥物。

我看著海報，思考起隨著新型精神疾病藥物逐漸增多後，我算了算，海報上有二十二種不同形式的ADHD藥物治療，這個狀況所出現的矛盾現象，嚴重的心理問題也增加了。藥物會不會是心理問題增加的原因呢？在大學社群中，具有嚴重的心理問題的人數正快速增加。如果藥物在孩童時期是有效的，大學的心理疾病不就應該要大幅減少嗎？

雖然藥物治療對成長中的大腦所造成的長期影響是個重要的問題，但這並非我現在要談論的主題。一項針對近兩千人的研究顯示，因服用抗憂鬱藥物而在心理上產生嚴重副作用的人數比預期中的還要多很多。將近半數的人都說他們「感到情緒變得麻木」，並且「變得比較不在意他人」。我想談論的是，心理疾病之所以會增加，會不會是因為我們用精神診斷與藥物治療取代了傾聽。美國健保系統中的許多規定增加了醫師開立的藥物數量，這不只會降低預防心理疾病產生的機率，也會使降低培養力量與適應力的機會。

一篇近期的報導顯示，在初次尋求大學諮詢服務的學生中，有三分之一都已經在服用藥物了。一場旨在探討精神科藥物逐漸升高的使用頻率的研討會中，九所與會的大學諮詢中心都觀察到有許多學生都預期他們「應該透過藥物治療『處理』煩躁的感覺，而非自行學習如何應對。」研討會的主持人M·傑拉德·佛洛姆（M. Gerard Fromm）在研討會結果報告中提道：「前來諮詢的學生們對於成長沒有什麼看法，對於談論自己沒有什麼經驗，也不怎麼理解生命中的人際關係有多重要。」

在多方社會力量的加壓下，開立精神科藥物是很常見的結果。美國文化中，醫師不花時間傾聽病人說的話，也不了解他們的問題，而基本醫療臨床醫師、合格心理健康專業人員的缺乏，以及藥廠的積極行銷帶來壓力正是此種文化的成因之一。

健康保險業帶來的影響也十分顯著。比起支付五十分鐘的心理諮詢，支付一張簡明扼要的「藥物治療帳單」對他們來說顯然有利得多。醫師要花上很長的時間和病人促膝長談，才能讓對方足夠信任你，告訴你生命中有哪些重要的事物，而開立藥物所需的時間則很短。在某些本末倒置的誇張例子中，患者的家屬與精神科醫師為了要用保險「支付」費用，他們必須想辦法讓孩子被診斷出精神失調的症狀，往服用藥物的方向前進。波士頓環球報的記者派翠西亞・溫（Patricia Wen）用精彩的報導揭露了社會安全生活補助金的身心障礙者補助系統以何種方法鼓勵民眾取得孩子的心理疾病診斷書，在二零一四年的報導中，貧困的家庭不再依靠福利金，而是依靠身心障礙補助金——主要是行為失調、情感失調或學習失調作為基礎經濟來源。

與前線的小兒科醫師談話的過程中，我發現很多人都向這些壓力低頭了。在緊迫的時間壓力之下，許多人變得只想存活下去，他們在當下只能把目標瞄準在撐過這一天。基本醫療的臨床醫師覺得自己別無選擇，只能開立藥物。

一位同行曾遺憾地告訴我，有鑑於她無法解決家庭狀況和現金的社會經濟環境，「她只能做一件事」，那就是開立藥物來減緩孩子的症狀。她曾遇到狀況不佳的家庭，孩子的父母都處於極大的壓力之下。她知道這些家庭中的孩子會表現出「難相處」、「衝動」與「對抗」的舉動是在表達他的壓力，但這些舉動會讓家庭成員無法給予孩子適當的照顧。她沒有資源也沒有時間排解這些家庭經歷的壓力。在求助無門之下，她只能運用自己唯一擁有的資源：藥物治療。她覺得這簡直糟透了，在事後回想時，她認為藥物治療會讓孩子努力想要傾訴時，關閉了所有管道——也就是讓孩子沉默。

心理健康專業人員也同樣受到這種系統的壓迫，不少專業人員不申請保險支付，因為保險公司要求他們與病人滿足的困難條件越來越多，但理賠的金額卻越來越少。繼續與保險公司合作的專業人員則為了能繼續進行病患的心理治療而遇到各種恐怖的事情。有一位社工告訴我，當接受低收入戶醫療救助保險的病人突然從原本的保險計畫被換到另一個計劃時，她和其他社工就必須手忙腳亂地進行大量文書工作，取得新計畫的內容（有時還不一定能成功取得），想辦法讓他們已治療多年的病人繼續接受治療。

精神科專科護理師的主要工作通常是開立藥方，但他們也一樣由於現金的系統不重視傾聽的價值而感到困擾。在心理健康中心工作的治療師通常不開立藥方，他們常在病人的症狀加重時被告知應該和開立藥方的醫師做確認，這讓他們覺得自己的專業受到損害。而開立藥方的醫師則常收到學校的通知，要求他們調整孩子的藥物處方，因為孩子「太調皮了」。

一般來說，第一步應該是「醫學評估」，接著才會是第二步：在開藥醫師判斷有必要進行心理治療時轉診。有一位精神科專科護理師提到，她對於持續使用藥物治療解決問題行為感到極大的壓力。她擔心藥物治療會帶給接受治療的家庭錯誤的訊息。

我們越來越常用多種藥物治療孩子的心理問題，我指的不只是精神科醫師，還包括並沒有受過專業精神科治療訓練的基本醫療臨床醫師。使用非典型抗精神病藥物，例如利培酮（risperidone）治療年幼孩子的案例增加了一倍，但這些一類藥物尚未被食品及藥物管理局確認可使用於五歲以下的孩子身上。

在波士頓一間聲望極佳的教學醫院中，我對一位兒童精神病主任醫師表示，我對於在四歲女孩身上使用藥物治療感到擔心，但他告訴我「抗精神病藥和哮喘藥一樣安全」。我們已經研究哮喘藥物數十年了，哮喘藥物也有其副作用，但精神科藥物不一樣，我們手上關於強效精神科藥物的資料寥寥無幾，更不用說用在年幼的孩子身上了。精神科藥物已知的副作用包括體重明顯增加、內分泌系統改變、罹患糖尿病及代謝症候群的機率增加。然而，用藥物與處方箋用藥治療各種症狀的行銷廣告正在不斷增加。

用藥物治療孩子的睡眠障礙，是一件危險的事

現今的醫療系統聚焦於治療症狀，因而讓我們失去預防的機會，也沒有時間去了解行為想傳達的意義，在孩子遇到睡眠問題時的治療方法就是最好的例子。事實上，沒有任何一種治療睡眠問題的藥物是被批准用在孩子身上的，《睡眠醫學》（*Sleep Medicine*）雜誌中的一則研究指出，多數兒童精神病醫師至少每個月會開

立一次治療睡眠問題的藥物。這篇研究的資助者是賽諾菲—安萬特集團（Sanofi-Aventis）也就是恩比安（Ambien）的製造商。有的人可能會覺得藥物治療就像是創可貼一樣，但不幸的是，藥物治療遠沒有那麼溫和。除去副作用之外，藥物治療還有可能會將受損關係埋藏起來。

孩子出現睡眠問題的原因通常與親子雙方都有關。而藥物治療只會把「問題」直接歸因於孩子。我們若容忍這種治療方式，就不會有機會了解睡眠問題背後有何衝突，也不會有機會支持並修補親子關係。

孩子的睡眠型態會根據標準的發育階段變化，唯有先理解孩子的發育階段，才能理解他的睡眠問題。孩子通常會在嬰兒時期記住所謂的睡眠道具。乳房、奶嘴、玩偶，甚至父母的頭髮都有可能是孩子入睡時依賴的睡眠道具。若孩子在出生的頭幾個月之後依然經常半夜醒來，而且孩子的睡眠道具又是父母的話，這就會變成一個大問題。在孩子持續半夜醒來數個月後，父母會變得嚴重缺乏睡眠，而且他們會發現孩子的睡眠型態並不容易改變。

正常的發展狀況下，學步兒會開始形成較獨立的性格，同時開始抗拒睡覺。我們不應只聚焦於「讓孩子上床睡覺」。想要解決睡眠障礙，我們必須觀察父母與孩子在睡眠問題之外，還有哪些與控制有關的衝突。睡覺對孩子來說代表的是分離，就算孩子和父母睡在同一間房間或同一張床上也一樣。有的孩子或許可以在上學的第一天表現得從容不迫，但在說到睡覺時他有可能會斷然拒絕，或者開始在半夜醒來。

要孩子乖乖上床睡覺是父母會遇到的一大挑戰，讓父母覺得心中充滿了矛盾的複雜情感。當父母為了孩子的「問題行為」來找我時，要解決問題的必要步驟之一就是詢問他們的睡眠習慣。若孩子無法調節自己的情緒，冷靜下來睡覺對他來說就有可能是一件難事。而缺乏睡眠又會讓孩子更難以調節情緒，逐漸形成惡性循環，導致父母與孩子都越來越煩躁而焦慮。

我診療過許多被診斷出罹患ADHD的孩子，他們之中有許多人都已經為了睡眠問題連續和父母吵了好幾年，通常這種爭執會伴隨著許多日常生活中的衝突。睡眠障礙通常會是注意力不集中的成因，而非成果。

十五歲的莎拉帶著前任小兒科醫師的ADHD診斷書來到我的診所。在她年滿十三歲之前，她的母親每天晚上都跟她一起躺在床上，直到她睡著。接著，在她十三歲生日那天，她的母親認為女兒已經夠大了，不再需要這種陪伴，就這麼突然停止這個習慣，堅持莎拉必須獨自入睡。可想而知，莎拉的大腦與身體完全不知道該如何獨自入睡。她在白天之所以會注意力不集中，是因為長期嚴重缺乏睡眠，追本溯源，這些症狀都是來自於她與母親之間的問題。

最近有一篇吸引了大量媒體焦點的文章，名為《充足睡眠可能對暴躁的學步兒有益》，該文章指出，睡眠時間少於九點四小時的孩子傾向於表現出衝動、生氣、暴躁與煩躁的行為。雖然這份重要的研究讓大眾注意到了睡眠能對於行為問題能產生多大的影響，但單純勸告父母讓孩子多睡一些不只沒有幫助，還有可能會讓父母覺得更糟糕。

有些父母可能會在閱讀這篇文章後，想透過增加孩子的睡眠時間改善問題行為，但卻無法成功改變狀況。這是因為他們沒有找出背後的原因。美國文化喜歡快速恢復與接受建議，許多父母因而承擔了大量令人難以忍受的不適任感與罪惡感。原著中指出缺乏睡眠與行為問題之間互相「有關聯」。睡眠問題與行為問題並不只是簡單的因果關係。我們必須先了解完整的家庭故事，才能理解背後的原因，或者行為背後想傳達的意義。

正常的睡眠型態有可能因為各種不同的原因而變得混亂。舉例來說，理想狀況下，父母應該用理性決定是否要讓嬰兒睡在不同房間。但有時父母不願意這麼做，有時他們直接選擇了阻力最小的方式，導致睡在床上的孩子造成沉重的壓力與婚姻不和。另一個常見的狀況是父母其中一人有抑鬱症。缺乏睡眠會加強抑鬱症的症狀，通常會致使患者變得易怒。容易發怒的父母會讓孩子變得緊張，而緊張有時會導致孩子表現相反行為，例如大哭大鬧。兩歲的孩子不會知道該如何告訴父母：「我需要你陪我，你生氣會讓我覺得難過。」雖然聽起來沒有邏輯，但孩子可能只會覺得表現得越「難處理」，父母就花越多心力在她身上。拒絕睡覺與頻繁半夜起來都是表達分離焦慮的常見方式。

若父母與孩子能和小兒科醫師或治療師一起花時間交談，他們就有機會能釐清孩子的狀況，進一步強化彼此間的關係，讓整個家庭步入更好的軌道。在孩子越小的時候開始治療，就越容易能回歸正軌。

我第一次見到查爾斯時，他才兩歲大。他的母親唐娜說查爾斯有非常嚴重的睡眠障礙。他會在半夜醒來好幾次，大聲尖叫著要找母親。就算她把查爾斯抱在懷中，安慰查爾斯說她就在這裡，查爾斯還是會繼續哭著掙扎。他的動作太劇烈、太失控，以致於他的父母擔心他是癲癇發作。唐娜不懂，為什麼查爾斯要在她人就在旁邊的時候尖叫著要找她。為了確認查爾斯的生理狀況，我先請他去接受精神病科醫師的腦波檢查，醫師認為他很健康。他開了三環抗鬱劑給他。

查爾斯的母親把寫著藥名的單子丟進垃圾桶，心懷恐懼地抵達我的辦公室，但她已經準備好認真地和我討論他們家的問題了。

查爾斯一生下來就是個「很難帶」的小孩。他很容易哭，要費很大的勁才能讓他平靜下來。顯而易見地，他有能力發展方面的問題。但在唐娜說出她的故事後，我們才終於了解她對這些糟糕的夜晚有何影響。她的母親有精神疾病，在唐娜還年幼時曾拋棄過她。她曾獨自被留在嬰兒床裡很長一段時間，長大後，她的母親雖然提供了物質上的照顧，但在情感上卻一直非常疏離。唐娜發現唯有先解決過去的創傷，她才能提供查爾斯需要的情感。

查爾斯上床睡覺時的需求讓唐娜覺得非常不安，因此，雖然她人在查爾斯身旁，但她的情感卻不在那裡。查爾斯的需求挑起了唐娜過去害怕被拋棄的創傷記憶，因此讓她覺得受到威脅。但她的母性本能戰勝了戰或逃反應，她不會打查爾斯，也不會拋棄他。然而，在她沒有意識到的狀況下，她的表情與聲音顯現出她封閉了情感，有可能是我在第五章提到的原始迷走對唐娜產生的影響。如我們所知，孩子對我們的情感狀態非常敏感，查爾斯則因為白天曾經歷的衝突而變得更加敏感，這些衝突是缺乏睡眠的成因，也是結果。

我們在唐娜的故事之中發現到了這種模式，一旦唐娜意識到了自己無意識的舉動，她就可以做出改變。現在她覺得有人支持並理解她，因而能夠以不封閉感情的狀態陪查爾斯上床睡覺，並在他半夜醒來時安撫他。唐娜如今知道她的過去會影響自己照顧孩子時的狀態，她之後必須重新檢視童年時被拋棄的記憶，不過至少他們能在短時間內解決缺乏睡眠的問題。

有些父母會因為睡眠問題持續了好幾周、好幾個月甚至好幾年之後來找我，通常只要一想到晚上即將來臨，父母和孩子就會進入高度警戒。雙方都要花上好一段時間才能讓身體恢復正常，冷靜地面對上床時間。一旦我們了解了行為代表的意義，就能開啟正向循環。通常只要父母不再懼怕上床時間，白天的親子關係也會有所進步。查爾斯與唐娜重新建立起母子關係後，睡眠障礙也逐漸消失了。

俄勒岡州波特蘭的一家創新兒科診所使用了我在第四章提到的ACE分數，來確認父母的過去經歷是否會對孩子的發展造成影響。珍・艾倫・史蒂芬（Jane Ellen Stevens）針對ACE的應用方式撰寫了大量文本，她在部落格上的一篇文章中提到了這間創新兒科診所的計畫，以及一個類似查爾斯與唐娜的故事。一名小兒科醫師發現病人的母親曾在兩歲時被自己的母親拋棄，這位母親告訴醫師，她的孩子哭起來會「讓她感到非常害怕」。她的長子有很嚴重的睡眠問題，她在次子出生後，才向小兒科醫師說了她過去的經歷，醫師終於知道為何之前的建議都沒有用了。一旦她說出了過去的故事，他們就可以進行更深刻、更有效的討論，想辦法解決新生兒的睡眠問題。

我有一次聽到一群兒童精神病醫師在討論他們該如何治療一名五歲兒童的失眠症。他們來回探討各種藥物——褪黑激素、苯海拉明（Benadryl）、可尼丁

（clonidine）、曲唑酮（Trazodone）的用量和交互作用。我在一位醫師推薦了利培酮（食品及藥物管理局並未確認此藥物可以用於治療孩童的任何症狀，更不用說睡眠障礙了）時加入了對討論。

「問過孩子過去的發育睡眠狀況了嗎？」我懷著希望問道。「孩子有學過怎麼獨自入睡嗎？」我向他們解釋，我發現把睡眠問題分成以下三個部分後，對解決問題有很大的幫助：睡眠道具、獨立與控制問題，以及分離問題。我會以相反的順序解決問題，先治療分離帶來的焦慮，再來解決掌控限制的需求，最後才是睡眠道具。這個孩子顯然遇到了很大的問題（她的母親罹患了嚴重的心理疾病），但我認為或許更深入的了解睡眠問題，能夠讓我們找到不需藥物治療就能奏效療法。

進行討論的其中幾名精神病醫師提到了「睡眠衛生」的行為管理技術，說要使用利培酮的醫師則提出了生活質量的問題。他說，若孩子能好好睡覺，整個家庭都能過得比較好。我同意他的說法。

我告訴他們，睡眠衛生、行為管理與了解睡眠問題背後的發展狀況是不同的。「失眠」並不是一個好的解釋。我甚至不確定對年幼的孩子來說，失眠代表什麼意義。就算孩子的父母罹患嚴重的心理疾病，理解孩子的行為一樣可以引領我們找到有意義的答案。

長期抗拒睡覺及罹患睡眠障礙的孩子家裡，一到晚上就很容易充滿吼叫聲，每位成員都會在每晚的上床時間變得十分焦慮。若孩子從來沒有學過要如何獨自入睡，用不同形式的陪伴孩子入睡或許可以讓情況穩定下來。若母親自己嚴重缺乏睡眠，她或許會需要他人提供臨時照護，讓她能獲得幾天安寧的睡眠。一旦父母與孩子都得到了數晚的安眠，他們會開始對問題有不同的感覺，心中的急迫感也會降低，父母與照顧者因而有機會找到解決之道。在面對睡眠問題時，我們不但缺乏時間傾聽、缺乏時間理解，還使用藥物，這是一件很危險的事。

最近有一項令人擔憂的研究顯示，受寄養照顧並被診斷出ADHD的孩子中，有三分之一都接受了諸如利培酮這一類的抗精神病藥物治療。孩子受寄養照顧的原因很多，但一般來說這些孩子必定曾有創傷與被放棄的經驗，這些經驗有可能是身體上的傷害，也有可能是情感上的。我們都知道傷害與忽視有代間傳遞的問題，因此這些孩子的生父母也很有可能曾被傷害或忽視，造成發育時的創傷。

使用藥物治療，等於關閉孩子溝通的道路

這項針對寄養兒童的統計讓我想到另一個問題，我常聽到許多父母抱怨孩子不願意穿上鞋出門。這種狀況常以不同形式出現在年幼的孩子身上。孩子可能會不斷拖延，或者忽略父母的要求。在父母親生氣或感到挫折時，狀況會變得更嚴重，孩子可能會大發脾氣。這是很常見也很標準的親子互動，這種互動能幫助我們理解，為什麼寄養兒童的行為會引來藥物治療這張王牌。

年幼的孩子發脾氣是成長過程中必經且健全的正常狀況。但當孩子的行為引發了怒火，父母就有可能無法理性思考。他們有可能會被怒氣淹沒，或者封閉自己的感情。父母有可能會為了保護孩子不受怒火波及而表現得很疏離。遇到這種情況時，孩子會覺得父母好像突然不見了。但通常沒過多久後，孩子就會冷靜下來，父母也會重新打開之前封閉的情感，破裂的關係就此修復。

但曾被忽視或被傷害的父母則不同，他們可能會在孩子表現出正常的怒氣時封閉感情，之後便不再恢復。心理學家 艾德・特羅尼克用《好，壞，醜陋》（此為

電影《黃昏三鏢客》的英文直譯，The Good, the Bad and the Ugly）解釋親子間的互動等級。「好」表示日常互動中遇到的標準情感破裂與修復；「壞」代表的是比一般狀況更嚴重一些的情感破裂與修復，有可能出現在親子關係遇到長期問題的時候；「醜陋」則是在傷害與忽視中破裂的感情，這種狀況下，感情有可能沒有機會恢復如初。若「醜陋」的互動模式不斷持續發生，孩子有可能會出現調適反應，用自己的疏離來回應父母的疏離。

若這個孩子成為了寄養兒童，在未曾受過傷害的照顧者要求他穿上鞋子外出時，他有可能會沉浸在遊戲中，給出完美而合理的理由，說他不要穿鞋。這樣的親子互動原本很正常，但寄養的孩子有可能會在父母表達出挫折或失望時，突然表現出不受控制的瘋狂行徑。孩子心中的焦慮讓他再次被照顧者遺棄，他有可能會因此表現出更加疏離的態度，藉此保護自己。有些家庭收養的孩子曾在很年幼時經歷創傷，我曾聽這些養父母這麼形容：「好像他人根本就不在那裡一樣。」對於寄養或收養家庭來說，他們有可能會因為不了解背後的原因，而覺得這種行為看起來像是「瘋了」。

那麼，為什麼這些孩子會被診斷成ADHD呢？心理分析學家羅伯・福爾曼（Robert Furman）從不同的角度理解這些被認為是ADHD的行為。他提到，孩子在經歷無法承受的情感傷害時，他們有幾個選擇。他們有可能會躲進幻想裡——分心與注意力渙散；他們可能會以行動代替語言——過動的症狀；他們可能會大發脾氣，暴躁易怒。當這種行為從家庭延伸到其他場域時，教師、父母與醫師有可能會認為這種行為是「不專心」。

衝動的行為通常會隨著忽視與傷害而來。父母不把孩子放在心上，會導致孩子無法思考自己的感受，而衝動的行為就是後果之一。根據常用的診斷表看來，這些行為有可能會讓孩子被診斷出ADHD，但事實上，他們可能只是因為無法承受而做出了調適反應，並不是罹患了精神失調。綜合上述兩種情況，我們就能理解，為什麼寄養照顧中心的孩子容易被診斷成ADHD，並接受抗精神病藥物治療。

標籤與藥物治療基本上就等於替孩子帶上口罩。孩子的行為是一種溝通方式。他在說的是：「我從來沒有學過在面對人生必經的挫折時，我該怎麼面對。」我們該做的不是用容易帶來嚴重副作用的強效藥物讓孩子安靜，而是傾聽孩子的行為傳達的意義。

事實上，我們也會在比較常見的環境中（例如沒有傷害或忽視的環境，或者不是寄養照顧的家庭）發現類似的情況。在不協調、無法溝通與充滿誤解的環境中，孩子可能會發展出類似的行為模式。若對象是年幼的孩子，只要願意慢慢來，我們就能輕易發現問題所在，把事情導回正軌。正如我先前提到的例子，父母通常會對自己與孩子的行為感到極度羞愧，只有在治療關係中感到安全時，才會將故事全盤托出。

透過我這幾年的診療經驗，我發現讓年幼的孩子連續三到六個月每個月都來診療一次，能夠讓親子關係有顯著的進步，孩子的行為也會有顯著的改善。我會輪流使用兩種不同的診療模式，一種是父母單獨前來，讓他們在安全的環境中訴說自己的故事；另一種是父母與孩子同行，我們可以在發現孩子表現出某些特定行為時，馬上提出來討論。諸如婚姻衝突、父母的心理疾病或藥物濫用、孩子的知覺敏銳度問題（詳見第八章）、遇到傷痛時無法宣洩哀傷（詳見第九章）等潛在問題會慢慢浮現，讓我們可以解決這些問題。若有需要，我會將父母與孩子轉診接受其他形式的治療。一旦孩子長大了，他們就有可能會被診斷成精神失調，接受藥物治療，導致我們更難了解他們的故事。我們必須耗費更多時間與努力，才能追溯到問題的源頭。若沒有人試著理解孩子的故事，醫師有可能會調整藥物種類並增加劑量，導致我們更難以找出原本的問題。

理解行為代表的意義是第一步。在這之後，父母與醫師才能夠利用創造力思考（第八章有更詳盡的描述），協助孩子學會在面對挫折時自我調適。一開始的調適方式大多與身體有關。舉例來說，孩子可能需要一個堅定而包容的擁抱、在房間裡繞著圈奔跑，或者打擊沙袋。他需要的可能是安定而柔和的口吻，而非譴責而憤怒的語調。等到孩子更大一點之後，自我調節的活動會變得比較重要，例如跳舞、劇場表演或者武術。一旦孩子能夠在面對挫折時控制自己的身體，他就可以開始在心理治療或其他時候用言語表達自己的感受。一昧地用藥物治療使孩子沉默只會讓我們錯失良機，最後可能會導致孩子的未來受到限制。

了解孩子的感受，不要只看見他的行為

《殺戮之神》（God of Carnage）是一部描述家庭生活的喜劇，故事的一開始，兩對夫婦在一間優雅的客廳中，用看似文明的口吻討論其中一對夫婦的孩子對另一對夫婦的孩子作出攻擊的行為。這場談話很快就變得很醜惡，揭露了兩段婚姻中最脆弱的分歧。隨著怒氣升高，他們開始互相高聲叫罵，互擲貴重物品，甚至出手打人。他們原本想要聚焦在孩子的行為上，卻失敗了，就像諺語「房裡的大象」（譯註：此諺語意指面對顯而易見的問題時，沒人願意正視或解決）一樣。

我在觀賞《殺戮之神》時，立刻想到了另一個畫面。那是某一期《發育和行為兒科雜誌》（*the Journal of Developmental and Behavioral Pediatrics*）中的跨頁廣告，刊登者是沙耳藥廠（Shire），該藥廠賣的藥常被用以治療ADHD，廣告畫面是一位母親與兒子一起坐在一名身穿白袍的醫師面前，中間隔著一張桌子，在他們的背後站著一隻大象，身上蓋著一張紅毯，毯子上面寫著憤慨、反抗、憤怒。這篇廣告勸告讀者，應該要解決這些症狀和生活中更常見的注意力不集中與過動。廣告想

傳達的訊息很明確：醫師應該用藥物治療解決這些症狀。

我在行為小兒科這一行待了二十五年以上，我在診療時不穿白袍，而是坐在地上與孩子遊戲。我認為和藥廠呈現的大象形象比起來，《殺戮之神》描述的大象更精準，且更有意義。在《殺戮之神》中，大象指的是遇到攻擊行為時，充滿憤怒與衝突的現實環境；在廣告裡，大象指的則是孩子的行為，或者該說「症狀」。

一篇最近發表的研究顯然支持藥廠對於大象的描述。研究列出了醫師在面對治療精神疾病引發的攻擊行為時，會使用的兩種療法，並互相比較：一是包含興奮劑類藥物與父母訓練的「基本心理治療」，二是他們所謂的「擴增性心理治療」，兩種療法都使用了抗精神病藥利培酮。這兩種療法都沒有提出「孩子在對什麼生氣？」以及「孩子想透過攻擊行為傳達什麼？」等問題。許多發表研究的作者都和藥廠交情匪淺。

接下來我要講兩個我在行為小兒科診療時遇到的故事。愛麗莎有一個六歲的兒子馬克，她打電話來預約時告訴我，任何事都會引發他們之間的衝突。她說：「我需要知道，我要怎麼做才能讓他聽話。」我依照診療的慣例，請愛麗莎在第一次診療時和他的丈夫理查一起來，不要帶上馬克。這麼做是為了讓父母能夠放鬆地說出一些不想被孩子聽到的話。但愛麗莎忽視了我的明確指示，來的時候帶著馬克，卻沒有讓理查同行。我猶豫著是否應該放棄這次預約，重新安排時間，但愛麗莎似乎很絕望，因此我們決定就這樣開始診療。

馬克坐在地板上玩，他的母親則對我氣憤地大為抱怨馬克的恐怖行為。我對這樣的狀況有點擔心，於是試著轉移她的負面情緒，詢問她為什麼理查沒有來。她跟我說了一些搪塞的理由，接著放鬆下來，告訴我她和丈夫常常陷入激烈的爭吵。

馬克本來一直很平靜地遊戲，但在聽到母親說話後，他拿起了一隻簽字筆，小心翼翼地在黃色的牆壁上畫出了一塊污漬。他的母親正專注於訴說自己的問題，沒有阻止他。我認為我應該提供他們協助。我平和地說：「不能在牆上畫畫。是不是我們討論的事情讓你覺得不開心？」他走過來，坐到母親的腿上。愛麗莎不情願地向我承認，她懷疑馬克這些憤怒的行為，是在傳達他在家中感覺到的怒氣。在她承認的那一刻，她理解了她與丈夫的爭吵對兒子造成了何種影響，也發現他們之所以這麼擔心馬克，有一部分原因是想要轉移他們對婚姻問題的注意力。

芭芭拉和馬丁為了女兒珍而來找我。珍的攻擊行為從家中蔓延到學校，她三年級的導師告訴珍的父母，珍常常表現出不專心與煩躁的情緒，最近似乎還越來越容易生氣。她被介紹到我的診所來評估ADHD症狀與藥物治療。

第一次診療的對象是珍的父母，第二次則是他們一家三口，兩次診療都風平浪靜，他們只願意討論珍的行為。但之後馬丁打電話給我，希望能預約第三次診療，對象是他與妻子兩個人。他受罪惡感糾纏已久，他希望有人能共同分擔。他流著淚提起他殘忍的父親對他造成的傷害。他說他會在珍不聽話時覺得怒火攻心，因而對珍怒罵威脅。他擔心自己在憤怒之下的失控行為對珍造成了壓力，因而使她表現出問題行為。他希望自己能遇到好的楷模，讓他學會如何用另一種方式管教珍。他認為自己必須在協助之下說出兒時的創傷，如此一來，他才能成為更好的父親。

若事實真如藥廠的廣告所示，房裡的大象只是孩子的症狀的話，那麼藥物治療顯然就是解決之道。因ADHD而接受藥物治療的孩子曾告訴我，藥物能讓他們冷靜下來。毫無疑問，利培酮這一類的強效抗精神病藥確實可以改變孩子的行為。藥物可以使孩子變得沉默，不再傳達訊息，藏起房裡的大象，將問題的一切責任都直接推到孩子的身上。

大象廣告與《殺戮之神》之間還有一個極為諷刺的關聯性。劇中的其中一位父親是一間藥廠的律師。他對著手機高聲說話，似乎一點也不在意自己的行為會影響到房內的其他人。電話內容揭示了那家藥廠的觀點，他們認為賺取利潤比病人的福祉更為重要。

在《殺戮之神》一劇的尾聲，有一幕景象傳達了一個非常重要的訊息。電話響了，一位母親接起電話，打來的是她女兒。她的女兒因為寵物倉鼠而感到非常難過，這隻倉鼠的行為在某天晚上惹惱了她父親，因此父親讓倉鼠「解脫」了。在母親用鍾愛的語氣對煩惱的女兒說話時，整部片的氣氛突然改變了，原本被尖酸刻薄的話語挑起的緊繃氣氛突然變得十分寧靜。或許多數觀眾都沒有注意到這瞬間的氣氛改變，但這一幕賦予了這部喜劇更深的含意。接電話的母親冷靜地專注在女兒的感覺上，因而脫離了先前的混亂。

《殺戮之神》十分受歡迎，讓我燃起希望，認為人們還是渴望跳脫藥廠提供的解決之道，渴望用不同的方式思考孩子與家庭的問題。藥廠投入大量金錢投放各種吸睛的廣告，對群眾造成很大的影響。另外一個也能造成相當影響的是私人健康保險企業，他們支持患者透過藥物治療快速恢復，而非其他需要花費大量時間的治療方法。相較於這兩種企業的巨大影響力，馬克的影響力很小，他只能在我的黃色牆壁上畫出黑色的污漬，告訴我們：「請了解我的感受，不要只看見我的行為。」

孩子喜歡爬到桌子下，其實是一種調適反應

低師生比例、缺乏運動與自由遊戲的時間、組織化的課程以及考試等因素，都增加了診斷精神疾病的壓力。舉例來說，隨著《不讓任何孩子落後》法案（No Child Left Behind act）的落實，越來越多低收入社群的孩子被診斷出罹患ADHD。在校園裡，教師必須管理一大群學生，部分學生的家庭環境非常緊繃，導致學生出現情緒調節上的困難，但教師卻鮮少受過相關培訓，不知道該如何正確處理這些學生。為了其他學生的權益，老師必須控制容易引起混亂的孩子，這是可以理解的。若老師既沒有時間也沒有資源能與學生一對一地解決潛在的問題，他們可能會在不

得已之下推薦孩子去做藥物治療的評估，因為這是短期內最有效的方法。

全美的幼兒園越開越多，越來越多進入幼兒園的孩子具有行為問題與情緒調節問題，但受過培訓、懂得利用時間與空間傾聽的教師與員工卻太少，我們冒的風險有可能會讓精神科藥物的處方箋呈現指數成長。美國兒科學會在二〇一一年更改協會指南時，將可能罹患ADHD的最低年齡從六歲降低到四歲（市場上隨之出現了治療ADHD的新型長效藥水），更提升了風險。

《紐約時報》的一篇社論「放棄四歲兒童」引用了教育部民權局的報告，指出幼兒園越來越常以紀律問題為由開除學生。另有一篇研究顯示，幼兒園的教師要求學生退學的機率比要求停學的機率高上二點五倍。幼兒園中每個表現不佳的孩子都有一個故事。我們要有時間與安全、不批判的環境，才能揭露這些故事，理解孩子的行為。就像我們在第三章看到的，有時其實問題已存在很久了，甚至有可能需要追溯到嬰兒期。有些行為會讓孩子難以融入學校的運作機制內，這些行為可能與他害怕的經驗有關，例如孩子有可能在家中見過家暴。平常生活在恐懼中的孩子，可能會認為排隊時離他太近的同學是一種「威脅」，因而動手推他。斥責的語調可能會增加孩子的壓力，甚至引發戰或逃反應。被送到校長室可能會提高孩子恐懼感與羞愧感，讓本來就失控的行為變得更嚴重。這一連串的事件有可能是最近的一則新聞發生的原因：老師無法控制一名曾經歷創傷且罹患ADHD的八歲男孩，導致最後他被執法人員上了手銬。

另一個常見的景象是爬到桌子下的孩子。從孩子的角度來看，他覺得紛亂的教室超過了他能承受的程度，因此爬到桌下是一種調適反應，而非出了問題的徵兆。校園環境變得越來越組織化也越來越擁擠，幾乎沒有空間能回應單一孩子的需求，導致此類問題逐漸惡化。

美國各地的部分學校自童年逆境經歷研究（我曾在第四章提起此研究）中獲得資訊，並理解生活經驗對行為會產生影響，因而開發了創新的學校課程，善用空間與時間傾聽內心較脆弱的孩子。珍・艾倫・史蒂芬曾在部落格「童年逆境經歷過高」中提到類似的計畫，計畫執行學校是華盛頓州瓦拉瓦拉的林肯高中。她在文章中提到，校長吉姆・斯波理德表示他們在面對孩子的問題行為時，多是用傾聽取代處罰，他舉了一名青年為例。那名青年在情緒爆發後辱罵老師，斯波理德在注意到青年表現出來的強烈憤怒後，用冷靜的語調與他溝通，青年立刻就對他和善的態度做出反應——「他如裝甲般的防衛態度就像是火炬下的冰一樣消融了」，他告訴斯波理德，他酗酒的父親沒有遵守承諾。斯波理德解釋說，學生的行為還是會有相應的後果，但這種後果會伴隨著治療出現。「他必須去校內停學室，那是一間安靜而舒適的房間，他可以和房間裡的老師談任何事，可以在那裡寫功課，也可以坐在房間裡思考，以後碰到類似情況時可以做出什麼不同的反應。」

詹姆斯・瑞福（James Redford）的新紀錄片《紙老虎》（*Paper Tigers*）讓我們能更進一步了解林肯高中的計畫。他在部落格的文章中提到拍攝這部影片時的經驗：「老師在面對學生的糟糕態度與糟糕選擇時，詢問他們『怎麼了？』而不是『你有什麼毛病？』」這項計畫讓林肯高中取得了戲劇性的進步，出席率、在校平均成績和畢業率都提高了，而校內鬥毆與停學處分則減少了。

有鑑於孩子年幼時的經歷會產生長期影響，我們理應從最年幼的孩子開始執行這一類的計畫。密蘇里州堪薩斯城的克里滕登兒童中心所辦理的啟蒙─創傷智慧計畫（Head Start-Trauma Smart Program）中，他們將來自高壓環境的三至五歲幼童列入生理與情緒上的「紅色警戒」階段。一旦孩子顯露出問題行為，他就會收到「冷靜盒」，由創傷智慧治療師把他帶到一旁，協助他重新控制好情緒。該計畫中，只要會與孩子互動的人都必須接受創傷培訓，除了教師與父母外，連公車司機與餐廳員工也不例外。

精神科醫師貝塞爾・范德寇在《心靈的傷，身體會記住》一書中提到：「反抗規則的孩子不太可能會因為口頭訓斥或停學處分而變得服從，但訓斥與停學正是美國學校現在最常見的處理方式。」他透過美國國家兒童創傷壓力網絡（National Child Traumatic Stress Network）連接各個學校，建立不同的處理模式。參與老師一開始的反應大概都是「我要是想要當社工的話，我一開始就會去需要社工的學校了。」但在他的努力之下，「老師們逐漸發現，這些孩子之所以有問題行為，是因為他們正試著表達自己的痛苦。這讓老師改變了原本的觀點。」在范德寇與其同事的引導之下，這些老師學會了如何辨認出這些無聲的溝通，並做出回應。他們不再斥責或隔離孩子，轉而詢問孩子的經歷，利用放慢呼吸等技巧協助孩子恢復冷靜。

但這種計畫只是少數的例外。美國各地的學校都有孩子正在經歷類似的困境，並不只限於被鑑定成「高風險」的族群。教師會將班級的安全視為第一優先，這是可以理解的。多數老師缺乏支持，他們沒有范德寇的計畫或者兒童發展專家的幫助，因此在面對一名擾亂秩序的孩子與班上的二、三十名學生時，他似乎只能從停學和退學中做出選擇。

被學校停學或退學的可能性不斷逼近，這對家長來說是非常大的壓力。小兒科醫師與精神科醫師常會在學年開始前被大量電話淹沒，家長在這時總是極度擔憂孩子是否有能力應對學校的環境。父母與醫師都預期他們會帶著藥物治療的處方箋離開辦公室。

藥物治療，會導致孩子心理疾病更嚴重

每次我對孩童的精神科藥物治療提出這個問題，就會有許多精神病社群與ADHD孩童的父母回覆我：藥物治療能協助孩子靜靜坐下來學習。藥物治療在初始時有效，但許多證據表明了，藥物治療不但無法提高長期的成績，也無法消除

ADHD的症狀，甚至有可能導致更嚴重的心理疾病逐漸浮現，也就是共病症。

精神科藥物治療的方便性與快速性正是問題所在之一。藥物治療抑制症狀的速度越快，就越有可能被用來使孩子沉默。試想先前說要用利培酮讓五歲孩子入睡的極端例子。若倫理上允許我們以孩子做試驗，那麼試驗結果很有可能會是：利培酮的確能讓年幼的孩子迅速入睡。但如此一來，我們就不會有機會發現問題的成因，在治療成因的同時成長並恢復，也不會有機會支持孩子發展出健康的睡眠模式。

美國心理健康學會（National Institute of Mental Health）的ADHD多元模式治療（Mulitmodal Treatment of ADHD，簡稱MTA）研究可說是ADHD療法中的黃金法則，該研究從十五年前開始，投入了一千一百萬，旨在比較以下三種療法的不同：單獨藥物治療、單獨行為心理治療，以及藥物治療加上行為心理治療。MTA研究的初衷在於宣傳單獨藥物治療的好處，但在頭三年的研究中，三種治療並沒有顯著的差異。在接下來的八年中，許多接受治療的孩子依然會表現出注意力不集中與過動的症狀，就連藥物治療從沒間斷的孩子也一樣。另一項針對ADHD的幼兒園生進行的長期研究，也顯示了相似的結果，在診斷出ADHD後，孩子接受了六年的藥物治療與行為管理治療，但有九成的孩子依然會表現出ADHD的症狀。

治療ADHD的標準行為管理計畫（意指行為矯正或行為心理治療）通常會針對某個特定的問題行為，例如要穿上鞋出門去學校時的注意力不集中與分心。同時並行的是激勵制度，也就是在孩子做出我們要求的行為時，用代幣或貼紙鼓勵他們。在MTA研究中，具有「行為力量」的父母要參加八堂個人講習與二十七堂群組講習，學習行為管理的技術。

行為其實是一種溝通，由此可知，管理其實是在用另一種方式讓孩子沉默。如果我們在本書中看到的，穿鞋衝突代表了很複雜的意義。被介紹到我這裡來評估ADHD的萊拉與她五歲的女兒海瑟，正是這個問題的好例子。萊拉家的穿鞋衝突常常在最後演變成，萊拉抱著亂踢亂叫的孩子上車。雖然萊拉很渴望能學會如何管理海瑟不願穿鞋的行為，但我採取了不同的方法。在一個小時的診療時間中，萊拉讓兒子睡在嬰兒背袋裡，說了一個故事。

海瑟出生前沒多久，她的丈夫保羅換了工作，因此他們從倫敦搬到了波士頓。保羅的工時很長，萊拉的家人都住在倫敦，因此在海瑟出生的那一年，萊拉一直覺得既寂寞又孤單。現在一切都變得好多了，保羅在照顧孩子上幫了許多忙，萊拉也交了很多朋友。然而，在訴說這個故事時，萊拉總是在提及她母親時表現出深切的哀傷，她似乎對於母親無法在海瑟的嬰兒時期陪伴在側感到十分失落。雖然現在她已有了完善的支持網絡，但她依然很想念她母親，照顧第二胎嬰兒讓她的想念更甚。

她發現海瑟的需求會刺激到她的失落感，導致她容易被壓力給淹沒，也容易生氣。她說：「不知道海瑟會不會覺得她正在失去我。」我和萊拉都逐漸理解了，為什麼海瑟會表現出越來越嚴重的分心與反抗行為。就好像萊拉與海瑟正在跳著一支失衡的舞蹈，舞蹈動作充滿了怒氣與挑釁行為。海瑟會在出門時表現出反抗，很有可能是因為出門後她就必須待在學校，而她的母親會單獨與嬰兒待在家裡，這加重了海瑟的失落感，

診療結束後，萊拉在要求海瑟穿鞋時，會用讚美與鼓勵取代吼叫。這樣的轉變並非來自於行為管理，而是因為萊拉理解了海瑟的行為背後的意義。海瑟在感覺到母親會認真想著她，或者說「將注意力放在她身上」之後，也開始願意穿鞋了。萊

拉在知道海瑟的行為是出自於想念她後，特別在下午嬰兒睡著的時段安排了「特別時間」給海瑟。海瑟得到的獎勵不是代幣或貼紙，而是母親的讚美與注意，數個月來的衝突終於消失，取而代之的是寧靜。

若我們不花時間理解衝突背後的意義，萊拉依然有可能在短期內利用「管理技巧」改善海瑟的行為。然而，如果我們一直沒有發現母女關係中的悲傷與憤怒，她們就有可能會錯失治療的機會。兩人間的關係可能會逐漸惡化，使海瑟表現出更嚴重、更複雜的情緒管理問題。

MTA研究顯然會讓我們沒有機會傾聽家庭的故事，也沒有機會探索行為背後的意義。長期研究的成果不佳，會不會是因為父母與孩子都不被傾聽呢？肩負壓力的臨床醫師的確能在某種程度上幫上忙，但他們缺乏傾聽的空間與時間，在這樣的狀況下，我們很難看出研究結果代表的意義：標準療法並不是那麼有效。

當我們開始質疑長期使用藥物治療的副作用時，有可能會引起某些人的防禦反應。一位小兒科醫師說，他寫了一篇論文，指出用於治療ADHD的藥物都缺乏長期研究，但這篇文章卻在發表時遇到了困難。該論文的研究團隊是來自波士頓兒童醫院的小兒科醫師，他們做出的結論是「用於取得食品及藥物管理局核可的臨床試驗中，許多ADHD藥物的臨床試驗無法評估藥物的罕見不良反應，或藥物的長期安全性與長期有效性。」最後刊登該研究的期刊是《PLOS ONE》，一份開放線上取用的期刊。

作者先是將文章投稿到針對精神病醫師與小兒科醫師的大型期刊上，但期刊拒絕刊登他們的文章。主要作者表示「審稿人認為我們是在針對ADHD藥物，他們認為這我們提出的這些藥物中，大多都是歷史悠久的安全藥物。」這項研究並沒有提到任何藥物是不安全的，只是提出了目前的研究都無法回答的問題。拒絕刊登這項研究的期刊，是開立這些藥物的專業人士常讀的期刊，也就是說，治療ADHD孩童的專業人士大多都十分牴觸這個艱難的問題。

在嬰兒海莉啟發我做出決定後，我很幸運還能有其他選擇。在我對精神科藥物治療感到越來越擔憂時，在嬰兒心理健康領域的發現更加強了這種擔憂。在審慎思考過這件事之後，我決定離開離開承襲自一位同事的ADHD診所（如我在第二章所描述的）。我親眼見過許多孩子在短期內由於興奮劑類藥物受益，但我依然對我們開立藥物的方式感到煩惱。更讓我憂心的是，現今的數據無法證明長期使用藥物是有益的，藥物的長期副作用也有待商榷。我無法再年復一年地背著良知，開立興奮劑類藥物給孩子了。許多同行都對很排斥這個議題，或許這是因為在現今的醫療系統之下，他們覺得自己沒有別的選擇了。

第7章 對孩子的偏見

我在看到年幼的孩子因為標籤與藥物而沉默時，不禁想起了伊麗莎白・楊布魯爾（Elisabeth Young-Bruehl）的著作。她的作品協助我理解美國社會是如何演變成如今的狀況。令人難過的是，她在二〇一二年出版著作《孩童偏見：面對針對孩童的偏見》（*Childism: Confronting Prejudice Against Children*）的前一個月驟逝。我們不只失去了一個偉大的人，更失去了讓她把一項重要的觀念呈現在眾人面前，並引發持續討論的機會。楊布魯爾是一位精神分析醫師、政治理論家，也是一位傳記作者，她呼籲眾人留心孩童的人權正受到脅迫。她將「孩童偏見」（childism）定義為

「由於將孩童視為財產，視為可以（甚至是應該）因為成人的需要而受到控制、奴役或剷除的對象，而對孩童產生的偏見。」

孩子出現反抗行為，代表他覺得不被理解

當我們不把孩子的行為視為一種需要被傾聽的表達方式，而將之視為精神失調的「症狀」，並認為我們應該利用藥物治療「管理」或消除這些症狀，我們就是在表現這種孩童歧視。這表示我們不把孩子當作具有思想、感覺與需求的獨特個體。楊布魯爾過世時正在編撰溫尼考特的作品全集。溫尼考特認為我們要了解孩子的「真我」，如此才能鼓勵健全的發展，這與楊布魯爾的想法嚴絲合縫。我在行為小兒科的診療經驗一遍又一遍的提供微小的事例，證明了楊布魯爾闡述的宏大觀念有多出色。

蘇珊留著眼淚告訴我，在她四歲的兒子詹姆斯不願意上床時，她把還穿著衣服的兒子抓去沖了一場冷水澡，她當下覺得又難過又生氣。在同一次診療中，她隨後

告訴我，她在還小的時候曾受過好幾年的身體虐待與心理虐待。

就像我遇到的其他典型案例一樣，她帶詹姆斯來診療，是因為詹姆斯很常「反抗」（defiance）。「他一定出了什麼問題」，接著她又說：「告訴我要怎麼控制他的行為」。詹姆斯的幼兒園老師也難以控制他的行為，老師認為他可能罹患了ADHD。他們建議蘇珊可以考慮藥物治療。他們對蘇珊的過去一無所知。

我認為蘇珊之所以願意這麼快就告訴我整個故事，是因為一小時診療的時間時間非常寬裕，以及我傾聽時不帶批判的態度。對她來說，母親與孩子都無助地失控的場面非常嚇人，再加上她發現自己正在重複過去孩童時受過的創傷，這必定讓她覺得壓力非常大。雖然楊布魯爾未曾在著作中提到ADHD，但她寫道：「這種孩童偏見助長了第二型雙極性障礙的診斷以及藥物治療，這種狀況其實讓只會讓孩子因服藥而變得沉默。」

不知道楊布魯爾會不會認為「反抗」這個字本身就表現出了孩童偏見。ADHD專家羅素・巴克禮（Russell Barkley）的著作《幫助頑皮的孩子變乖》寫的就是反抗的孩子。在這裡使用「反抗」這個字是負面且充滿批判性的。有些人認為孩子應該受到控制，將「反抗」行為視為問題，甚至是對立性反抗症這一類的精神失調，換句話說也就是不服從和不守規矩。一位同行以強而有力的一句話描述了這種觀點：「我們不應該認為『孩子在為難我』。」我非常認同這句話，父母認為孩子在「質疑」或做出「不可思議」的行為時，就是在表達「孩子在為難我」。有一位母親曾告訴我，她能講電話的時間只有三點至三點半，因為那時她四歲大的女兒正在睡午覺。她覺得女兒控制了她，覺得自己失去了主導權。在這種狀況下，母親可能會專注於主導權的爭奪，而忽視了理解與連結。

一旦我們有機會傾聽，我們就會發現「反抗」行為通常是孩子用來表達情感的方式。詹姆斯在家中感覺到了不安全感與失控，他的行為不是ADHD的徵兆，而是在大聲求救。

「反抗」行為是最容易激發父母怒氣的一種行為。我在出版了第一本書後，接受了一次訪問。採訪者是撰寫育兒專欄的作家，訪問主題正是反抗。採訪者在訪問時用了「無禮」（impudence）一字，這個字也帶有負面意涵。我認為這個字代表，我們認為孩子應該擁有某種想法，但這個想法可能並非來自於孩子自己。事實上，若我們能從孩子的觀點理解「反抗」的動機，我們就會發現，反抗行為可能來自於不被理解的感受。反抗為什麼總是激怒我們？其中一種可能的解釋是，父母在孩童時期有過相同的經歷，沒有人「看見」他，沒有人把他當作值得重視的人。父母也有可能經歷過別種不被「看見」的經歷，或許是來自配偶、同事或者他自己的父母，這讓父母變得異常脆弱，特別容易在不被孩子「看見」時生氣。

只要我們稍微深入了解，就會發現幾乎每個表現出反抗行為的孩子，都正在經歷沒人察覺到的感覺。所謂的反抗行為，通常是孩子在覺得無法承受或不受保護時，發出的求救訊號。孩子有可能對高分貝的噪音與味道特別敏感，伴隨而來的問題可能還包括：常常在出遊時「當眾哭鬧」或者「挑食」。也有可能是暫時性的問題，例如孩子因為新生兒的出現而覺得不受重視，或者不再有人陪他一起入睡。或者也有可能是家庭的經濟壓力或者婚姻衝突對孩子造成的影響。只要能發現這些事會對孩子造成多大的影響，並意識到他的感覺，就能讓孩子覺得受到理解，就算這些壓力來源還存在，孩子的「反抗」行為也會減少。

六歲的瑪姬是十分戲劇化的例子。瑪姬被帶來診療的主因是「反抗」行為。在診療中，我發現她曾經歷過巨大的創傷。她酗酒的父親在瑪姬還是學步兒時拋棄了她，直到最近又開始回來探訪，但他在探訪過程中常是醉酒的狀態，有時會大吼大叫。瑪姬在上床前的反抗行為越來越嚴重，她拒絕在自己的床上睡覺，但沒有人問過她對探訪有什麼感覺，直到她被帶來診療。

在我們討論了探訪會對瑪姬帶來怎樣的壓力後，我們發現瑪姬其實需要在上床前聽母親說故事，提供安撫。瑪姬的母親現在理解了，父親的打擾會對女兒及她造成很大的壓力。瑪姬覺得受到理解後，她的「反抗」行為便消失了。

反抗通常具有負面意義，但同時反抗也可以是「勇敢」的表現，《反抗的安魂曲》（*Defiant Requiem*）即是絕佳範例。《反抗的安魂曲》這部電影來自於一場表演，此電影描述了二戰時期被關在特雷辛集中營的一群猶太囚犯，在其中一名囚犯拉斐爾·沙赫特的帶領下，用人聲樂譜與缺了腳的鋼琴演奏出威爾第〈安魂曲〉。雖然演奏的成員被接二連三地驅逐到奧斯威辛集中營，但這些表演讓他們能帶著尊嚴繼續活下去。在這部電影中，反抗代表的是在面對殘忍的壓制時，敢於表達真我的勇氣。

孩子哭鬧不停時，溫柔的擁抱比什麼都有效

近來許多人在爭論「隔離法」（time-outs）的使用方式，我因而注意到，一般懲罰技巧的目的都是控制行為，而非支持連結與溝通。

限制年幼孩子的行為是必要的。設立限制理應是一種教導，而非控制。父母的重要職責之一，是創造包容的環境，讓孩子覺得安全，能在這樣的環境下控制強烈的情緒。但我們要如何設下限制，才能促進健康的發展呢？精神科醫師丹尼爾・席格（Daniel J. Siegel）是人際神經生物學領域之父，他點出了一般懲罰方法的不足之處。在出版了《教養，從跟孩子的情緒做朋友開始》一書後，席格與其同行蒂娜・布萊森（Tina Bryson）一起在《時代雜誌》發表了一篇名稱挑釁的文章：「隔離法正在傷害你的孩子」。他們在文章中寫到：

問題在於，孩子總是非常需要連結。數十年來的感情研究證實，我們在覺得焦慮時，會特別想和在乎我們的人相處，並接受對方的安撫。但在孩子

失去情緒控制時，父母常會把他們關在房裡，或者要求他們坐在「罰坐椅」上，讓孩子在覺得焦慮時必須獨自承受。

席格提倡「連結法」（time-ins），建議父母將孩子不受控制的感覺視為教導的機會。連結法的核心在於，父母要能夠辨認並控制自身的強烈情感。我們無法透過盛怒之下給予的處罰，教會孩子如何控制情緒。

蘿拉每天都會把三歲的兒子奧立佛帶進他房裡隔離好幾次。他們整天都身陷衝突之中。蘿拉在奧立佛表現出問題行為時（例如想要在晚餐前看電視）告訴他：「如果你再問一次，你就要回去你房裡。」可想而知，奧立佛當然會再問一次，接著在母親把他帶進房裡隔離時生氣地又叫又鬧，亂踢亂打。蘿拉不懂奧立佛為什麼會不斷重複這種反應。「他為什麼就是不聽話？」她問。

我在診療時並沒有把焦點放在奧立佛的「對抗」行為上，而是讓蘿拉與她的丈夫伊森有機會從頭說起他們的故事。我一次次地發現，說故事這個簡單的步驟，可以引導父母從不同角度理解眼前的事件。他們倆人都放鬆了下來，蘿拉褪去了防禦與氣憤的態度。伊森看起來憔悴而緊張，他遲疑地看向妻子，接著坦白地告訴我，他很擔心蘿拉的情緒狀態。她很容易生氣，一生氣就會對奧立佛吼叫，她在覺得無法控制狀況時會直接離開，讓奧立佛一個人獨處。蘿拉一開始不太確定她的問題是否與奧立佛的行為有關，但在放鬆下來後，她承認她很擔心自己的怒氣。她曾罹患過抑鬱症，在奧立佛出生後，缺乏規律睡眠對她產生了很大的影響。她知道奧立佛的行為會刺激到她，也知道自己必須想辦法控制自己的感覺。對奧立佛來說，母親生氣帶來的壓力以及隔離法帶來的疏離感，讓他陷入了惡性循環之中。

在診療時，蘿拉有充裕的時間可以看清，自己與孩子的這套行為模式是沒有意義的，並從奧立佛的角度理解他的經歷。這讓蘿拉能夠聽進我的建議，用別的方法協助奧立維的失控行為，而非一味隔離他。正如我們在書中一再看到的狀況，奧立佛的行為並不代表他出了問題，這是他的表達方式，他試著告訴母親：「我想要和你有所連結，但我不知道該怎麼做。我需要你在我遇到這種巨大而痛苦的感覺時給予協助。」

在席格的書籍出版後，當年的美國心理學會年度會議中，就有一整個研討會是在討論這個主題，研討會的名稱是「孩子需要正向照顧與正向隔離——對於新書《教養，從跟孩子的情緒做朋友開始》的回答」。這場研討會中都沒有人討論到情緒，眾人都把焦點單獨放在行為上。若我們能把孩子視為具有想法與感覺的個體，並意識到孩子的行為有可能會激怒我們的話，我們就應該在討論孩子適合哪種處罰時，把父母與孩子的感覺都含括在內。

席格博士提出的重點在於，不要讓孩子獨自面對失控的情緒。不好的並不是隔離法本身，而是被拋棄的感覺可能會造成的傷害。當孩子在哭鬧時不斷被拋棄，無論是生理上的還是情緒上的，都有可能會造成創傷。他無法學會如何控制自己的感覺。在這種狀況下，哭鬧的頻率與強度很有可能會上升。

對年幼的孩子而言，在他們咬人或打人時就事論事地隔離他們，可以讓他們知道這些行為是不被接受的。大部分的孩子，包括十八個月大的孩子都能理解事情的成因與後果，只要在教導過程中保持邏輯一致，他們就能很快學會。相較於孩子無法理解的口頭解釋，指定一個特殊地點（避免設置在嬰兒床或房間裡）能讓孩子更快理解狀況。孩子通常會在哭鬧時失去思考能力，就算是年紀較大的孩子也一樣，因此比起講道理或解釋，更有效的方式是溫柔地抱住孩子並用柔和的語調和他說話。在哭鬧的當下指出孩子的感覺如何，可以協助孩子將感覺與文字連結起來，讓他們感到安慰與被理解。這種形式的隔離不會讓孩子覺得生理上或情緒上被拋棄。

但首先，父母要先能控制自己的感覺。我建議父母可以在憤怒時想辦法讓自己冷靜下來，例如看看窗外或者深呼吸。唯有如此，父母才能協助孩子辨認並包容他自己的強烈情緒。

孩子需要的不是藥物，而是傾聽

楊布魯爾認為孩童偏見是一種社會現象。個別的父母並不具有孩童偏見，他們只是需要傾聽與支持。他們也想要協助他們的孩子，而非單純地控制他們。蘇珊得到機會說出自己的創傷後，她便渴望學會如何控制自己的情緒，並協助兒子控制他自己的情緒。她不想要用藥物消除孩子的症狀。個別的醫師不具有孩童偏見。他們可能只是覺得自己被照護系統困住了，能選擇的選項非常少。舉例來說，我曾聽精神病醫師說，他們替一名寄養的孩子開立藥物處方箋的原因是，若孩子的行為再這麼脫離控制，他就會「失去棲身之所」，最後悲慘地被送往另一個家庭。醫師與家庭最想要的是有意義的協助，找到一個讓孩子被聽見、被理解的地方。小兒科醫師缺乏時間與訓練，無法掌控病患的狀況，也缺乏可以轉介的心理健康專業人員，因此，他們無法提供更進一步的支持與治療。他們可能會因為不想要點出無法解決的問題，而對於揭露隱藏的問題感到猶豫。

楊布魯爾將美國的狀況與其他較發達的國家相比，那些國家的「孩子擁有一系列的預防服務與發展導向性服務：全民健康保險、保健服務、孩子出生後的居家父母支援服務、母親離棄與父母離棄的嬰兒照護、發展性幼兒園計畫、課後計畫，以及各種經濟支援。」她敏銳地發現到「不支持孩童的發展，就無法保護孩童。」她提出了新的兒童完全發展法案，希望能取代一九七二年被理查•尼克森否決的舊法案。她若看到美國兒科學會最近發表的聲明：「兒童早期逆境、毒性壓力，與小兒科醫師的定位：將發展科學轉化為終生健康」，一定會深感振奮。這份聲明認為，神經科學、基因學與發展心理學等學科的跨領域研究在近年大幅增加，我們應該利用這些研究幫助親子關係。這種預防模式將被用以增益健康發展。

但想要履行這項政策幾乎是不可能的事，除非美國能強制要求醫師提供傾聽所需的空間與時間，並提供資金。獲取照護的方式是一大阻礙。我相信楊布魯爾會說，治療孩童與家長的專業人士（包括小兒科醫師、兒童心理治療師以及幼童教育工作者）只能拿到極低薪水的原因之一，就是孩童偏見。她將用孩童偏見來解釋，為什麼健康保險企業與藥廠能夠一起創造出如今的系統，讓孩子易於接受藥物治療，而非受到傾聽。若我們在詹姆斯這樣的孩子身上使用藥物治療，甚至使用行為管理，而不去解決她母親曾受到傷害的經驗，也不解決母親的失控行為對詹姆斯造成的影響，楊布魯爾想必也會認為這是一種孩童偏見的表現。

在接受寄養照顧的孩子身上使用藥物治療，就是社會對孩童抱有偏見的驚人範例。在灣區新聞集團（Bay Area News Group）拍攝的一系列調查影片中，有一支傑出的紀錄片，名為《對孩子下藥》（*Drugging Our Kids*）。這部紀錄片以非常審慎而戲劇化的方式拍下了這個議題，拍攝團隊訪問寄養照顧系統中的年輕人，最年幼的只有兩歲大。這些孩子被貼上了好幾個精神科疾病的標籤，但他們其實只是深受創傷與失落所苦。他們經歷了身體虐待、性虐待與情緒上的虐待，然後在接下來的數年時間都要接受多重精神科藥物治療。受訪的孩子受到許多人的幫助，這些人穿透藥物造成的模糊景象，看見這些孩子原本的模樣。最後，受訪的孩子都成功擺脫了藥物治療。兒童精神病醫師大衛・阿雷東多（David Arredondo）在紀錄片中一段名為「心碎的人需要的治療不是服用藥物」的片段中說：「第一線的治療不該是藥物治療。而是去了解孩子，傾聽孩子，詢問他們：『發生什麼事了？你為什麼這麼難過？』」

這部影片提出了公正的見解，認為在搭配心理治療的狀況下，精神科藥物治療是對孩子有助益的，在特定情況下甚至可以救人一命。但是影片也指出，現今的藥物治療大多並非這麼作用的。只要孩子的「問題行為」變嚴重，就算他正在接受強效多重的藥物治療，醫師也會再開立新的藥物。阿雷東多指出，雖然我們都不知道藥物治療會對發展中的大腦造成何種影響，但至少我們知道，大量藥物會「使發展過程遲緩」。

紀錄片中的許多訪談都顯示，藥物治療被當作「化學管束」，用來控制孩子的行為。生氣與失控的行為都是一種溝通方式，孩子想透過這些行為表達：「我從來沒有學過如何控制我的感覺。我從來沒有建立過讓我感受到愛與安全的關係。」

影片裡的孩子經歷過的創傷都非常嚴重。許多孩子經歷的創傷並沒有那麼嚴重，但也一樣被診斷出類似的精神疾病，服用類似的精神科藥物。我在第四章與第六章提到的童年逆境經歷研究也提供了大量證據，證明了童年逆境經歷（除了虐待與忽視外，也包括父母的心理疾病、父母分離、離婚、濫用藥物與家庭暴力）與隨之而來的生理與精神健康問題有高度關聯。

這一類慢慢累積起來的經驗是較輕微的創傷，但比直接的身體虐待與性虐待還要普遍。這些令人煩惱的事件極為常見，以至於使用「創傷」這個字會讓人覺得「不是在說我」。哈佛大學精神病學家馬丁・泰可（Martin Teicher）與同事一起完成了一項簡練而引人矚目的研究，研究結果顯示，罹患精神疾病的成人中，百分之四十二的人都曾在童年經歷過他所謂的「不當對待」，也就是「經歷許多次使信任受到背叛的事件」。他的研究證明了，在使用DSM歸類時，罹患相同精神失調疾病的患者中，曾有童年逆境經歷的精神疾病患者與不具有類似經驗的患者是不同的，不論是在疾病進程、壓力反應、大腦結構或基因表現上，都表現出了本質上的不同。研究表明，在不了解病患的童年經歷時，談論DSM定義的心理健康失調是沒有意義的。

我們診斷與開藥的目的是治癒人與人之間的關係，若我們不提供時間與空間傾聽故事，那麼我們做的治療就與寄養兒童接受的治療大同小異，只是我們的做法比較隱蔽、比較普遍。從反面來說，若我們能及早聽見他們的故事，讓他們發現這些故事對孩子的影響，並在他們治療出了問題的關係時提供支援，我們就能提高預防的機率。

在楊布魯爾的著作中，小兒科醫師T・貝瑞・布列茲頓的發明是非常重要的角色之一，可說是孩童偏見的解毒劑。布列茲頓十分支持楊布魯爾的書，他推薦所有生活含括了家庭與孩童的人閱讀這本書。楊布魯爾的書幫助我了解，為什麼在所有當代的優秀科學都告訴我們孩童需要協助時，我們卻難以獲取孩童需要的幫助。楊布魯爾十分明智地意識到，我們必須先了解偏見，才能跨越偏見。我希望在深入了解這個主題後，我們能理解到，保護傾聽需要的空間與時間並不是一個選項。若我們希望下一代，甚至往後的數個時代能有健全的成長與發展，保護傾聽需要的空間與時間就是必要的。我會在接下來的章節中進一步探討，在有了空間與時間後，何種傾聽能讓孩子得到最好的成長與發展。

第 4 部

傾聽孩子的內心與情緒轉變

第8章

傾聽身體：通往痊癒的道路

有時候，正是無人重視的人，才能做出無人敢想的事。

——《模仿遊戲》

在紀錄片《對孩子下藥》中，其中一名被收養的孩子安東尼在受訪時，談到音樂在他生命裡具有什麼意義：「音樂讓我不去惹事生非。我會在覺得生氣的時候去玩音樂。」安娜・強森（Anna Johnson）是一名健康政策分析師，她在紀錄片中受訪時提到，諸如音樂、跳舞和瑜珈等能表達自我的活動都能幫助孩子從創傷中復原，與其他具有類似經驗的人產生連結。「音樂能讓你變成更好的人，讓別人看見你。」安東尼在痛苦的環境中利用音樂發現真我。一旦我們不再受困於只想控制行為的思考模式，一旦我們意識到行為是一種傳遞訊息的手段，我們就能傾聽這些訊息，利用各式各樣的方法讓身體與思緒冷靜下來，面對生命中不可避免的壓力。

七歲的亞卓安被診斷出罹患ADHD，在獲准每天早上都能從大廳騎滑板車上輔導課後，他的注意力以及吸收新知的能力出現了明顯的進步。海倫在三歲的兒子阿謝爾大哭大鬧時把他抱在懷裡，她說阿謝爾的呼吸會漸漸趨緩，原本緊繃的肌肉也慢慢放鬆，就像在她的大腿上融化了一樣。她說感覺就像是「他的思考能力恢復正常了」。小兒科醫師T・貝瑞・布列茲頓用新生兒行為評估量表說明，每名新生兒對於光和聲音都會有不同的反應。在睡著的嬰兒耳邊輕輕搖晃嬰兒搖鈴時，有些嬰兒會用力緊閉雙眼，雙手向上揮舞，做出劇烈的反應。但有些嬰兒則正好相反，他們會做出不太明顯的反應，接著便完全不理會搖鈴了。每個孩子對傾聽的反應都不同，在傾聽自己的身體時也是如此。

本章的重點在於傾聽孩子的身體，但父母能否傾聽自己的身體也是同等重要的課題。父母也必須保持冷靜與自制，才能支持孩子在情感方面有健康的成長。每當我詢問煩惱的父母「誰來照顧你？」時，許多人都一笑置之，並告訴我「我以前會去跑步，但現在沒空跑了。」這一類的答案。好好照顧身體才能保持思緒平靜，但許多父母卻忽略了自己的身體健康。

思緒平靜的父母才能傾聽孩子傳遞的訊息，若父母無暇顧及自己的健康，那麼平靜的思緒就有可能是無法達到的目標。五歲的艾蜜莉亞是布倫娜的女兒，布倫娜時常問我，在女兒大哭大鬧時她該如何是好。但事實上她知道該怎麼做。當她待在安靜的診療室時，她用冷靜而自信的語氣告訴我，她知道女兒開始哭時要怎麼處理才能避免她變得過度激動。她也知道一旦艾蜜莉亞「失去控制」時，她必須冷靜地安慰艾蜜莉亞，直到她恢復冷靜。

若她的情緒受到艾蜜莉亞的影響，她可以選擇第三個應對方法：暫時隔離彼此，讓自己冷靜下來。然而布倫娜的丈夫幾乎每天都工作十二小時又常出差，她必須獨自在家照顧四個不到六歲的孩子，在這種環境下，布倫娜幾乎無法在艾蜜莉亞大哭大鬧時用冷靜的思緒考慮這些事。

父母可以藉由自我調節來處理孩子的調節異常，我遇到的一個出色範例就是藉由做瑜珈治療腸絞痛。這裡說的瑜珈，是指媽媽做的瑜珈。我在研究嬰兒的心理健康時，慢慢意識到身體對於情緒控制的重要性，這時我遇到了第三章提到的妮可、丹以及嬰兒海莉，他們的故事提供了全新的觀點。我發現妮可的瑜珈課能夠治癒她與嬰兒間的關係。當時我把這種轉變歸功於她在療程中得到機會，讓我與她丈夫傾聽她說話。而瑜珈也扮演了十分重要的角色。

我的同行蘇珊・齊迪克也在部落格的一篇文章中表示認同瑜珈的價值，文章的主角是一名年輕的母親，她的孩子被送去了寄養單位。她告訴齊迪克，兒童保護機構要求的養育能力對她來說很困難，齊迪克替她考慮了各種養育課程的可行性，瑜珈課程也包括在內。齊迪克指出，多數母親都像文章的主角一樣，過去曾經歷過創傷，但在她們努力想要調節自己的情緒時，卻無人提供協助。她敏銳地觀察到，情緒調節不只對對於極端環境下的母親來說是必要的，對於許多身負壓力的母親也極為重要。舉例來說，在嬰兒罹患腸絞痛，或者母親陷入抑鬱狀態，甚至兩者同時出現時，在孩子面前維持冷靜（也就是情緒調節）就是一項非常困難的事。父母必須透過自我調控來教導孩子學會情緒調控這項必須技巧。齊迪克提到：

換句話說，孩子唯有在他所信任的成人懷裡先感覺到安慰與控制，他的大腦與身體才會了解自我安慰以及控制的感覺。若孩子的大腦沒有機會先經歷這種狀態，那麼他將無法在往後幾年長出「能夠」調控情感的突觸連接。如果孩子沒有在生命的最初幾年內長出適當的神經路徑，他有可能永遠都無法成功控制強烈的情緒。

當然，不是每個人都適合瑜珈，瑜珈課可以轉換成截然不同的事物。重點是，父母在調控自己的情感時是需要協助的。我們可以利用身體協助大腦，瑜珈、武術、游泳，甚至散步都會是對家庭有益的重要活動。

敏感個性，其實是一種天賦

二〇〇九年，大衛・杜布斯（David Dobbs）在《大西洋月刊》（*The Atlantic*）上發表的文章中提到了「蘭花與蒲公英」假說，從基因的角度探索我們是否有機會將脆弱性轉變成適應的優勢。行為基因的研究顯示，的確有部分基因與心理疾病有關，但我們不一定會表現這些基因。在「蘭花與蒲公英」假說中，這些基因不但與脆弱性有關，也和人的天資有關。在苛刻的環境中，高度敏感的性格容易使人罹患精神疾病，但在支持的環境中，高度敏感性格反而能使人獲得成就。

澳洲墨爾本的學者提出了支持該理論的證據。他們最近發現，若受過虐待的人具有某個特定基因，他罹患抑鬱症的機率就會增加。但若具有這種基因的人沒有受過類似的創傷，他通常會比不具有這種基因的人還要快樂。該研究的第一作者在期刊中如此描述這項發現的重要性：「這項研究讓我們知了解到，在這種狀況下會帶來風險的基因，有可能在另一種狀況下對人類有益。」

普立茲詩歌獎的得主菲利浦・史庫茲（Philip Schultz）正是將脆弱性轉變為優勢

的動人範例。史庫茲在他的著作《我的讀寫障礙》（*My Dyslexia*）中，描述了他兒時由於現今所謂的讀寫障礙而遭遇了多麼糟糕的困境。雖然學習障礙已超過了本書要探討的範疇，但他的故事是將困境轉換為力量的絕佳範例。史庫茲在書中提到，他的母親會不斷重複閱讀他最喜歡的漫畫，希望能幫助他讀懂字句。母親的寬容與耐心讓史庫茲有足夠的空間，他發展出了一套閱讀方法，能克服他的讀寫障礙帶來的特殊症狀。

史庫茲在書中描述的除了在學業上遇到的困難外，也寫到他在被其他孩子罵「笨蛋」時打了那些孩子，因而被學校開除。我想，若他是近幾年出生的孩子，大概會被冠上「衝動」和「容易分心」這種形容詞，也就是ADHD的典型症狀。若他因接受藥物治療而遏止了這些症狀，他可能永遠也無法發明新的閱讀方法，更無法利用這種方法教導其他遇到類似障礙的人寫小說和寫詩。他可能永遠不會成為詩人，更不用說獲得普立茲獎了。

蜜雪兒是另一個範例。從幼兒園開始，蜜雪兒就常常無法忍受學校裡的活動，她會因此用手摀住耳朵，繞著圈圈奔跑。她不太和其他小孩一起玩。一名資深教師建議蜜雪兒的父母，帶她去做泛自閉症障礙的測試。一名自閉症領域的精神病醫師確認了教師的猜測，並建議她們讓蜜雪兒做更進一步的評估。

但她的父母採取了別的方法。她們注意到蜜雪兒對多種知覺刺激都非常敏感，因此致力於預防各種會讓她爆發的刺激。蜜雪兒的言語表達能力較為遲滯，她無法陳述自己的感覺，只能在面對過度的知覺刺激時做出過度的反應。她在幼兒園時不和其他孩子一起玩，有時會繞著圈圈跑。在必須離開她喜歡的地方或者停止她喜歡的活動時，她有時會大聲尖叫、亂踢亂打。她的父母非常努力地用她能接受的方式帶著她接觸這個世界。

現在蜜雪兒已經長成了一名才華洋溢的鋼琴家，同時也是一名成績優異的學生。她的朋友常常聚在她家一起玩音樂。現在的蜜雪兒是一名冷靜、安定且細心的青年，與過去只要碰到一點輕微刺激就會爆發的小女孩已天差地遠了。

蜜雪兒正是「蘭花」的絕佳範例。她兒時的行為很有可能會讓她被貼上精神失調的標籤。她很有可能會在充滿壓力的生活以及缺乏理解的環境之下，遭遇嚴重的心理問題。但她的父母拒絕將女兒的行為當作疾病，他們在外界的壓力之下耐心傾聽，協助她度過難關。她獲得了成長的機會，將童年的「問題行為」轉變成才能。她的敏感讓她在年幼時無法結交朋友，但也正是這項特質讓她在青少年時期獲得了深刻且有意義的友誼。

認同孩子的玻璃心，發掘自身價值

過度敏感常常深藏在各種問題行為背後，一如蜜雪兒的狀況。對於影像、聲音與觸覺感到極度敏感的孩子常會自行發展出一套行為，幫助自己應對這些刺激帶來的錯亂影響。挑食有可能源自於孩子對味覺的強烈反應。難以掌控個人空間有可能與孩子的本體感覺或者對身體姿勢的感知有關。這些行為可能會讓孩子被貼上強迫症、ADHD、焦慮症或自閉症的標籤。通常家中的其他成員也會有與孩子相似的行為特徵與診斷結果。

溫尼考特對當代知識做出了許多貢獻，包括感覺處理對情感發展的影響。他認為「支持環境」能提供理解與安全感，他提到：「支持環境」必須要考慮到嬰兒皮膚的觸覺敏感度、溫度、聽覺敏感度、視覺敏感度、墜落（因重力而下墜）敏感度，以及嬰兒對於自身之外的事物都缺乏認識。

「感覺統合失調」是否該列入DSM系統中？這一直是人們爭論不休的問題。失調這個詞有可能會轉移我們的注意力，讓我們無法用有意義的方式解決問題。有時要在孩子被診斷出症狀後，健康保險系統才能提供保險金，給付診斷費用。於是我們想要找出孩子身上「出了什麼問題」，但我們有可能會在過程中阻礙孩子了解自己的知覺，甚至導致孩子沒有機會學會忍耐及處理這些知覺。我們該問的問題不是「這是不是精神失調？」而是「他感覺到了什麼？我們要怎麼協助他理解並處理這種感覺？」這麼一來，我們才能明白孩子的獨特感知是什麼，進而理解他的行為所代表的意義。

在某些環境中，感覺處理可能會延伸成「問題」，但在某些環境中則否。對聲音敏感的孩子若排行老二，必須和常大吵大鬧的兄弟姊妹共處，他就有可能會陷入痛苦中。但若他是家中的獨子，家長就能輕易提供他需要的環境，讓他能順利成長。這種差異也很有可能來自於發展問題，語言發展較遲緩的孩子無法清楚表達出，他對於重口味的食物感到生理上的嫌惡。若父母與專業人士願意花時間釐清每個孩子的特殊狀況，他們就能好好協助孩子將這些特質併入逐漸顯露的自我意識中。

父母所需的支持也是同等重要的課題。照顧蜜雪兒這樣的孩子，可能會讓父母感到力不從心、自我懷疑與無助。在忙亂的家務之外，還要將孩子的脆弱性當作生活中必須處理的日常事務，對父母來說是一場持久戰。若父母能認同這些經歷，並理解這些經歷必定會影響家庭狀況（包括夫妻關係與手足關係），就能防止家庭狀況因這些問題受到負面影響。

父母兒時的記憶，也會影響親子關係

金姆和傑森對時常哭鬧的四歲兒子強納森無計可施，因而求助於我。「他剛出生開始就是這樣，」金姆在第一次會面時告訴我。在強納森還是嬰兒時，她必須在漆黑而安靜的房間裡餵奶，以免她因景象和聲音而分心。我請他們描述強納森最近一次哭鬧的狀況，他們說最近曾帶強納森去參加縣內舉辦的園遊會，裡面有很多美味的甜點，強納森餓到大哭卻不願意進食。金姆因為強納森看似毫無邏輯的行為而失去冷靜，開始對著強納森大吼。最後，他們意識到這場爭吵是徒勞無功的，便放棄了，轉而帶強納森去坐乾草車。下了乾草車之後，強納森像是剛剛什麼都沒發生一樣，對挫折而疲憊的父母說，他想吃熱狗。「在某種意義上，他其實還是需要你在漆黑而安靜的房間裡餵奶的嬰兒。」他們兩人同意地點頭。

我們放慢速度，花時間探究這件事的細節，顯然園遊會對他造成了過度刺激，而緩慢前進的乾草車則讓他的身體恢復冷靜與規律，能夠專注在進食上。

接下來，金姆告訴我他們去蝴蝶博物館時發生的災難。她說，強納森在一隻蝴蝶靠近他時開始一邊哭一邊向後退縮。他想要像其他小孩一樣，讓蝴蝶停在他的衣服上，但他在感到渴望的同時也感到恐懼。強納森越來越生氣，最後金姆只能讓這次出遊中途停止。對金姆來說，那次出遊變成了她極力想要遺忘的一次回憶。如今在安寧的診療室中，她勉力靜下心來仔細回想，立刻就理解了強納森當時心中有什麼感覺。

第二次與他們會面時，金姆告訴我，他們一起經歷了一趟摘蘋果冒險之旅。這次，他們讓強納森先去搭牽引機，不再堅持一定要先摘蘋果。他們發現牽引機的緩慢前進能夠讓他冷靜下來。這次出遊非常成功。金姆和傑森協助強納森意識到，他很難在周遭發生太多事情時冷靜下來，而牽引機的緩慢前進能幫助他靜下心。在後來的日子裡，強納森的父母持續對他解釋他的感覺，他因而能慢慢了解自己的脆弱性，學會如何在面會過度的刺激時冷靜下來。

兒童精神病醫師史丹利・葛林斯班（Stanley Greenspan）讓人們注意到，孩子對於世界有什麼感覺，與管理強烈情緒的能力息息相關。照顧者在協助孩子認知這種關連的同時，也是在幫助孩子培養反思的能力。讓他思考自己的感受，進而學會調節感受。反思的能力會大大影響調節情緒與社會適應的能力。明確指出孩子的行為是在嘗試著適應，能防止他因為承受過多感覺刺激而精神失調，也能避免我們在在不了解背後意義的狀況下就消除問題行為，進而導致他錯失良機，無法發展與心理健康相關的各式能力。

葛林斯班認為，許多DSM中定義的精神失調（包含ADHD）都是起因於情緒調節與感覺處理的問題。他發明了一套名為DIR™的模組，用以評估與干預幼童遇到的發展問題與行為問題。DIR™的「D」是發展的（Developmental），意指若我們要理解並治療具有問題行為的孩子，我們必須先了解孩子的發展狀況。「I」是個體差異（Individual differences），他在網站上將之定義為「基於個體在生物學上的不同，孩子會對感覺（諸如聲音、觸覺，以及對於行動及想法的計畫與安排）有不同的接受、調節、回應與理解方式。」他強調，我們要釐清每名孩子的獨特感覺處理狀況。「R」是關係（Relationships），意指發展與個體差異會受到人際關係的影響。DIR地板時間™（DIR Floortime™）是一種療法，已有眾多研究證明了此種療法能有效改善各種問題。地板時間™與溫尼考特的遊戲空間相似，讓我們用足夠的時間與空間辨認孩子的獨特狀況，同時傾聽父母與孩子想表達的話。

美國兒科學會最近發表了一篇聲明，他們認為罹患發展與行為失調的孩子，並不適用感覺統合心理治療與「感覺統合失調」這個疾病名稱，他們表示，感覺統合的問題是孩子在罹患其他精神失調疾病（如自閉症與焦慮症）時表現出的症狀。然而這件事其實就像艾雪（Escher）的畫一樣，用不同角度理解會得到不同答案。隨著我們越來越了解未表現基因與神經科學，我們會漸漸發現，感覺處理有時才是最基本的問題。DSM系統直接把感覺處理造成的問題行為，歸類在各種疾病之下，諸如自閉症、強迫症、焦慮症和抑鬱症。

我們在面對複雜的社會環境時會發展出自我管理的能力，而葛林斯班認為，這種能力與我們的感覺體驗密不可分。我們有可能覺得這個世界溫暖而友善，也有可能覺得世界嚴酷而危險。達芙妮・梅爾金（Daphne Merkin）這一生都在與抑鬱症奮鬥，她在《紐約時報雜誌》上發表的文章中這麼描述抑鬱症：「抑鬱症這種令人痛苦的疾病通常在人們還很年幼的時候就開始了，但卻難以被注意到——我說的年幼是幾乎令人無法想像的那種年幼，我覺得在我脫離子宮後，裹住我的就是一張令人刺癢的灰色毛毯，而非顏色柔和的柔軟嬰兒毯。」

許多在我這邊診療多年的孩子，都從小開始就被認為有「暴躁」或「毫無調適力」等各式問題，他們有一項共同特質：都很容易被各種感覺體驗壓垮。

我曾在行為小兒科診所中遇到一名小男孩，他被診斷出罹患選擇性緘默症。他可以在各種環境說話，唯獨拒絕在學校開口。他最後終於告訴父母，顏色會讓他聽見聲音。這種感覺處理的變異被稱之為聯覺（synesthesia），擁有聯覺的人的兩種知覺會相互聯合，例如能從聲音看見色彩。這種感覺顯然會大幅改變孩子對世界的感知。對於這個案例中的小男孩來說，教室帶來的新刺激已超過他所能承受的程度。聯覺這種特質有時會伴隨著優秀的能力，尤其是音樂上的才能。小男孩在理解自己的感覺、並找出適合的字句形容自己的感覺之前，只能用沉默來保護自己。具有相似知覺敏銳度的幼童可能會在學校表現得非常不專心，因而被診斷成ADHD。在此再次強調，知覺方面的問題有可能才是最基本的問題，而被標示成「ADHD」的行為則是衍生出來的。

受過嬰兒心理健康訓練的職能治療師應該能夠看出感覺問題與其他問題之間的關聯性，讓父母以及孩子一起進行治療。我曾聽一些父母說過，某些職能治療師會把父母留在等候室，播放能夠「改編」孩子大腦的錄音帶。但若我們將孩子與父母分開治療，我們將難以發現親子關係衍伸出的症狀背後的意義。雖然感覺統合的差異是與生俱來的，但親子關係代表的意義也會對孩子的感覺造成立即的影響。

不喜歡被摟抱的嬰兒有可能會激起母親的羞愧感，甚至抑鬱感。若罹患感覺處理障礙的父親小時曾因此受到辱罵或者打巴掌，他就有可能會因為孩子也罹患相同障礙，而感到嚴重的焦慮與無力。若父母的注意力全都轉移到較脆弱的孩子身上，孩子與手足的感情便有可能受到明顯的影響。若父母當中的其中一方在兒時曾經歷類似的障礙，他就有可能因感同身受而比較寬容，而父母當中的另外一方則有可能會怪罪配偶，認為配偶把這種特質遺傳給小孩，而且還過度「溺愛」。唯有花時間傾聽與反思，我們才有機會看見知覺敏銳的症狀對家庭造成了什麼複雜的變化。

親子一起運動，能讓關係更親密

我們急著進行診斷、管理和藥物治療，不再有機會利用行動支持腦部的健康發展與運作。我曾在第四章提到治療性神經序列模式，該模式是佩瑞醫師以腦部發展的知識為基礎而發展出來的，模式的論據為：一個人必須先平靜下來，才可以進一步地思考、學習並處理自己的體驗。我們必須先處理好大腦中較低階的「感覺」中心，才能開始運作較高階的「思考」中心。佩瑞之所以會有此想法，是因為他在精神科治療的傳統模式中屢遭挫折。傳統模式中，曾經歷重大創傷的孩子會接受藥物治療，他們必須每周和治療師面對面坐下，說出自己的感受。他認為這種方法是失敗的。

他在親子精神健康學程（我曾在第三章提到該學程）中將這套模式介紹給我們。他說，對於調節情緒來說，所謂的「快速交替動作」是非常重要的。孩子的較高階思考中心必須先運作起來，他才有辦法描述他所遇到的困難。在感受到壓力的狀況下（例如在吵雜的教室被責罵），孩子可能只會用到腦內較低階的運作中心來控制基本的調控功能，例如呼吸和心跳。這種時候，用以控制情緒以及思考的較高階運作中心可能是「下線」的狀態。由於大腦負責思考的區域並沒有在運作，因此傳統的懲罰方法（通常大人還會在懲罰時好意地解釋何為適當行為）是無效的。曾對發脾氣的孩子講道理的父母，應該都很清楚上述狀況。

利用散步冷靜下來就是快速交替動作的常見範例之一，這種動作能讓大腦中的低階中心以較為均衡、較為規律的方式運作。室外本身就具有調節與鎮定的效果，尤其是大自然。有許多活動都能讓人達到這種平靜的狀態。佩瑞醫師在與症狀非常嚴重的孩子進行心理治療時，會帶他們去散步。騎馬、武術、打鼓和跳舞等活動也能讓大腦變得更加有條理、平靜與規律。一旦我們能適當地調節大腦，我們就能適當地調節情緒、思緒和行為。在親子精神健康學程中，我參與的一個小組親自嘗試了這套理論。我們花了漫長而激勵人心（又令人萬分疲憊）的一天向佩瑞醫師學習，接著一起去溜冰。溜冰不只讓我們玩得很盡興，也讓我們實踐所學，並更加了解這套理論。

許多老師在看到學校的孩子表現出問題行為時，都會擔心他們「排了太多」美術課和體育課。但現在我們學到了，這些活動對思考與學習來說是很重要的，這些課程不是「額外」的課程。若我們能謹慎地安排這些活動，並認真教導孩子，這些活動必定能對孩子的學習與健康發展有所幫助。在理想的狀態下，最好能將這些令孩子冷靜的活動分散安排在功課、輔導與心理治療之間。也可以依據孩子的專長與興趣安排不同種類的活動。

亞卓安的輔導老師敏銳地將滑板車視為教學工具，又過了幾年後，亞卓安也學會了在壓力過大時，到地下室打鼓，幫助自己重整情緒。認識自己心理與身體對孩子來說有很大的好處，不只是能讓童年過得更順利而已，學會適應自己特殊的脆弱性能讓他們一生受用不盡。

武術、騎馬和游泳等活動還有另外一項益處，可以讓孩子與同伴、教練和指導員建立緊密的關係。許多武術指導員會開設親子共同參與的課程。人際關係與身體都能讓大腦發展與恢復。這些活動帶給孩子的不只是身體的運動，還有活動中形成的同理關係和審慎傾聽。

近來的研究發現，隨著我們越來越了解調節情緒、行為和注意力所產生的問題，運動對ADHD的治療逐漸變得越來越重要。一項研究指出，讓被診斷出ADHD的孩子參與高強度的身體活動，會增強他們的思考能力。在一篇刊登於《華盛頓郵報》（*Washington Post*）上的文章中，一名小兒科職能治療師表示，他認為ADHD病例的增加與學校缺乏運動有關。越來越多老師使用站式課桌，讓需要動作協助思考的孩子得到適合的上課環境。

傾聽每個孩子的身體的意思是，我們要基於每個孩子的力量與脆弱性，決定哪些身體活動對他有幫助，決定要如何以及在何時進行活動，還有是否要將對孩子有益的人際關係放進活動中。事實上，對於受到過度感覺刺激的孩子（當中包含許多被診斷出ADHD的孩子）來說，傳統的體育館可能會急遽增強他們的情緒混亂與多動症。

嬰兒按摩是支持早期親子關係的著名方法，也是另一個利用身體幫助大腦的範例。發展暨學習跨學科協會（Interdisciplinary Council on Development and Learning）是基於史丹利．葛林斯班的構想而創立的機構，在協會近日舉辦的一場研討會中，我知悉了一個在紐澤西州蒙克萊執行的計畫「培育的撫觸：嬰兒與兒科按摩」。在該計畫中，心理治療師替正在治療戒斷症狀的嬰兒以及其染上毒癮的母親按摩。介紹這項計畫的女士向我們解釋，她原本對這些母親懷有成見，只替嬰兒按摩，但她很快就發現自己的成見是錯的。她觀察到，我們會在母親的毒物篩檢呈現陽性反應（在尿液中發現毒品）時，「把母親和嬰兒拆散」。她認識了這些母親後才了解，她們都因為與嬰兒分離而感受到深切的悲痛，希望能重新與嬰兒建立連結。她開始將按摩技巧也應用在這些母親身上，並發現她們之中有許多人都曾受到虐待，可能從來沒有經歷過正向與關懷的撫觸。她只替她們做了溫和的手部按摩。她的目的是提供母親與嬰兒都迫切需要的安撫，讓母親放鬆身體，得以擁抱嬰兒。在這個例子裡，該計畫利用身體協助了處於早期發展的大腦。長遠來看，協助焦慮的母親與嬰兒，或許可以及早預防複雜的感知與情緒問題。

找到彼此喜歡的事，建立情感連結

我在數年前收到了一位音樂家兼音樂治療師薇瑞德的電子郵件，因而接觸到她的作品。她在生下第一胎後開始攻讀臨床心理學。但她最後沒有完成哲學博士的學位，而是發行了一張親子專輯《早安我的愛》（*Good Morning My Love*），這張專輯榮獲美國父母首選金獎。我在她的網站上讀到了下列文字：

我們憑依直覺就可以得到音樂帶來的益處……音樂本生就具有旋律、節奏與重複性，嬰兒從誕生的第一天就可以理解這種語言。音樂同時也可以幫助你組織並改善自己的經驗。你與你的孩子都可以利用音樂來建立例行事務、發展出確實的期待模式，並培養安全感——協助你建立一個親密且充滿愛的環境。

民俗音樂如我立刻就被虜獲了。她在網站上放的一首歌完美地描述了學步兒的矛盾心理，歌詞寫道：「媽媽請讓我獨立，但別離去。」在面對眾多媽媽與嬰兒時，她利用音樂解決新手媽媽常感覺到的焦慮與分離敢。

我在遇到五歲的梅迪時，察覺到音樂對治療有多大的效益。梅迪深受嚴重的社交焦慮所困擾，學校餐廳與體育館帶來的問題最為嚴重，她會退縮回沉默之中。我在一次與她父母的診療中，討論著該如何和學校老師商量，讓梅迪在學校能過得自在一點。一小時的診療時間十分充裕，我有很多時間可以聽梅迪的父母說故事。這時她的父親提到：「事實上，她很愛古典樂。」她的母親說，在最近的一次家庭聚會中，梅迪因為周遭同時發生太多事而變得焦慮不安。但當聚會中的某個人放起了古典樂時，她很快就完全冷靜了下來，變得很穩定。

我們開始發想，要如何在學校裡利用這個發現。她出於某些原因，無法處理繁忙的社交環境帶給她的大量感官訊息。但在古典音樂對她有很大的幫助，就像是她的神經元與腦細胞都恢復了原本的隊形，開始正常運作。

梅迪的診療讓我想起了電影《最後的嬉皮》，電影改編自神經學家奧立佛・薩克斯（Oliver Sacks）的文章《最後的嬉皮》中的真實臨床案例。電影主角是一名因嚴重大腦損傷而深受困擾的年輕人，他與社會中的所有人，包括最親近的家庭都十分疏離。主角在大腦受傷前本是一名滿腔熱忱的音樂家。在音樂心理治療的協助下，他的家人發現，主角在聽到受傷前流行的音樂時，會受到吸引，得以頭腦清晰的思考。主角就像我年幼的病人一樣，他的大腦既雜亂又混淆，直到音樂在某種程度上讓一切回歸正軌。

凱拉的故事是使用創新療法的出色範例。凱拉最初被帶到我的診所時，她的家人、醫師與老師都非常慌張。有些人認為凱拉應該被診斷出精神失調並施以藥物治療，她的母親潔西卡與我都承受了很大的壓力。她現在才四歲。凱拉在與染上毒癮的母親住了三個月後，被潔西卡領養。凱拉曾失去了很多東西。她常表現出多動行為，睡眠模式也不穩定，導致所有家人已經連續幾個月都沒辦法好好睡覺了。我們的每一次診療都有整整一個小時，因此我擴張了我們的談話內容，因而發現了家庭關係造成的壓力與其他壓力因子，也發現凱拉的父母最近分開了。我在部分診療中與潔西卡單獨會面，讓她有機會以開放的心態探究這些令人煩惱的事。其他診療中，凱拉也會一起來——頭幾次的場面非常混亂。但隨著時間流逝，凱拉漸漸開始以較有調理的方式遊戲，並建立連結。在連續六個月的每月診療後，凱拉的狀況有了顯著的改善。她能整晚安穩的睡覺，也能在學校聽課，開始認識一些新朋友。

在某次診療中，我和潔西卡安靜地坐在地板上，凱拉則坐在小桌子前畫畫。這時潔西卡說：「我們發現她喜歡編織。」我對於這麼年幼的孩子能夠編織感到很驚訝，因此潔西卡跟我分享了她的故事。在凱拉還是嬰兒的時候，潔西卡常在她的嬰兒床旁邊編織。凱拉學會走路後的某一天，她爬出嬰兒床，抓起她母親放在桌上的棒針，拿著兩支棒針互相輕輕擊打。潔西卡認為，或許棒針發出的聲音能讓凱拉想到兩人安寧相處的時間。凱拉在長得更大一點之後，也學會了如何發出類似的聲音與節奏，她在享受編織的同時讓自己放鬆下來。

潔西卡在告訴我編織的故事之後，發現編織不只對凱拉有幫助，也讓潔西卡與她自己的母親重新建立了連結。潔西卡與母親互相爭吵了好幾年，常常為了如何「管理」凱拉而陷入爭執。但她們兩人都一樣喜愛編織。潔西卡猜測，或許編織不只讓她與凱拉建立了連結，也讓她與自己的母親建立了連結。那次診療過後，潔西卡發現她可以用更有效的方式利用編織。現在她們三人每天都會共分享一段編織的時光，就像是能夠使她們安定、彼此連結與受到治療的家庭編織俱樂部。

潔西卡必須擁有充裕的時間才能想出這個獨特的解決方法。若我們缺乏足夠的時間傾聽，只想要立刻找到快速的解決之道，我們就有可能錯失這個機會。對經歷某些特定問題的孩子與家庭而言，編織與音樂可以促進成長與治癒。充裕的時間與空間讓我們有機會注意到平常可能會忽視的重要事物。父母擁有能夠任意想像的自由與安全感後，會更容易找到支持孩子、讓孩子發展出長處的方法。

讓孩子當表演者，能挖掘出驚人才能

研究創傷的精神病醫師貝塞爾・范德寇在他的著作《心靈的傷，身體會記住》中提供了十分全面的概觀，讓我們了解壓力會如何存留在身體中，以及我們可以如何利用身體，協助自己從巨大的壓力或創傷中恢復。麻州雷納斯鎮的創新劇場計畫「法庭上的莎士比亞」（Shakespeare in the Courts）就是個很好的例子。范德寇提到：「青少年因為打架、喝酒、偷竊和其他的財產型犯罪而被宣判有罪，他們被判處每個禮拜花四個下午進行密集的劇場訓練，連續六個禮拜。」這種經驗讓脆弱的孩子有機會用文字表達他們的感受，是訓練情緒調節的重要過程。

許多來自破碎家庭的青少年，可能從來沒有發展出反思的能力，因此，他們會表現出衝動的行為，在行動的時候完全不思考，最後惹上麻煩。范德寇在書中描述了劇場的指導凱文・科爾曼（Kevin Coleman）如何引導青少年談話。他不會使用可能會引發批判的問句，諸如「你有什麼感覺？」，「科爾曼會問：『在剛剛那個場景中，你有沒有注意到任何出現在心中的感覺？』這麼做能讓他們學會如何辨識出自己的情緒……他們越是注意，就越是會讓好奇加劇。」從某種層面上來說，劇場計畫讓青少年發展出傾聽自我的能力，發現自己的行為背後的意義。

范德寇引用了莎士比亞劇團創辦人緹娜・佩克（Tina Packer），同時也是劇場計畫資助者的話：「心理治療與劇場表演都需要利用直覺……劇場表演之所以能對人造成影響，是因為人們在觀賞時感覺到深切的主觀共鳴、深切的真實感，以及存居在體內的真誠。」觸及「深切的感覺」的概念，就和溫尼考特提出的「連結真我」是一樣的。

再舉另一個例子，在附近的當地小學中，三年級的學生正如火如荼地進行一項劇場表演。許多身陷困境的孩子都善用了這次機會。我永遠也不會忘記，表演者中有一名被診斷出妥瑞氏症的十歲女孩，她有非常嚴重的口吃，但在表演時，她擔任的主要角色用強而有力且清晰的聲音唱著歌，完全看不出她的病症。我在多年的診療中看到，許多孩子不但發展出了屬於自己的人格特質，更挖掘出驚人的才能，影響了他們在高中與往後生活中的發展途徑。

劇場表演是說故事的其中一種形式。說故事能引導我們找到行為背後的意義。心理學家M・傑拉德・佛洛姆為奧思丁瑞格中心年度創意研討會編撰了一本書，他在後記中提到：「奧思丁瑞格中心……可以被視為一個裝滿故事的資料庫，這些故事需要被說出來，但卻無法被聽到，又因為無法被聽到，更加無法被說出來——最後人們只能透過症狀、噩夢與行動說出這些故事。

從這個角度看來，精神病理學代表的是壓抑創意，而心理學的成長代表的則是說故事與聽故事。」只要有時間傾聽，我們就能提供安全的空間，讓孩子表達故事中不可避免的痛苦和傷心。我們會在下一章看到，為什麼哀悼的過程對成長與恢復來說是至關重要的。

第9章

傾聽失去：哀悼的時間與空間

觸摸它；大理石鑄造的眼睫上沒有水氣：
若它能流淚，它就能起身離開。

——伊莉莎白・巴雷特・伯朗寧〈悲傷〉／英文詩人

把傷痛說出口吧；
不曾言說的悲痛會封閉你不堪負荷的心靈，最後讓心靈破碎。

——威廉・莎士比亞〈馬克白〉／作家

心理分析學家史戴分・格羅茲《說不出的故事，最想被聽見》中解釋，他為什麼要在心理治療課程的閱讀清單中列出查理斯・狄更斯的《小氣財神》。他解釋道，主角史古基在遇到三個鬼魂後的轉變提供了人們是如何轉變的範例。他寫道：

但狄更斯的童話故事更進一步地指出了一個意想不到的陰暗事實。有時候人們會改變，並不是為了修復自己，也不是為了修復與生活中其它人間的關係。有時候我們會改變，甚至產生巨大的改變，是為了修復與失去的人、被遺忘的人以及逝者間的關係。史古基為了他曾愛過但已被他遺忘的逝者感到悲傷，因而重新看見他漠視已久的世界。他再次活了過來。

我在好幾年前曾使用另一位小兒科醫師的診療室，研發一個新計畫，聚焦在養育五歲以下孩童的家庭的情緒健康。我帶了玩具和紙筆過去，但一直忘記帶衛生紙。哭泣的父母會流鼻涕，再用袖子擦拭，但我在注意到這個現象時，不會為了跑出房間拿衛生紙而打斷他們的感覺。最後我終於記得把衛生紙帶去了。我在診療中再三意識到，在康復的道路上，表達傷心與痛苦帶來的感受是很重要的。

年輕的母親卡蘿緊張地坐在座椅邊緣，她的情緒不斷在放鬆的幽默與過度緊張間迅速轉換，她懇求我告訴她要怎麼對待她五歲的女兒夏洛特。夏洛特拒絕吃「真正的食物」，她們每天都要爭執好幾次，而夏洛特願意吃的食物種類變得越來越少。卡蘿的壓力很大，因此說起話來又快又急，她急切的語調讓我難以抓到話語背後的意義。但我知道，若我像其他人（包括她的小兒科醫師）一樣直接告訴她怎麼做的話，我們都會失敗。我無法正確地讓她理解，孩子也會有自己的飲食偏好，我們可以讓孩子自行選擇。有什麼東西擋在溝通的橋樑之間，但我們都不知道那是什麼。

為了想要了解她的文字與行為背後代表了什麼感情，我告訴她，我認為她真的很愛她的女兒，也很擔心她。這段話在她的盔甲上鑿開了一絲裂縫。雖然她還是繼續要求我告訴她該怎麼做，但她的聲音變得破碎，而我注意到了她的轉變。「我的哪句話對你造成了影響？」我剛問出口，她就淚如雨下。一開始，她還是著與情緒對抗，試圖控制臉部表情，並維持她慣用的幽默感。但在看到我只是靜靜地坐著後，她便放鬆地表達出悲傷的情緒，放縱眼淚落下。她說，她很擔心自己會「毀了」女兒。她從孩童時期到現在都對很多種食物感到厭惡，因此，她與自己的母親間的關係總是痛苦而憂慮。

卡蘿與自己的女兒太相像了，以至於她無法相信孩子天生就有辦法知道身體是否感到飢餓。卡蘿覺得自己與女兒幾乎融為一體了，她無法把自己的經驗分隔開來。進食的問題與分隔經驗已糾纏在一起了。

一直到卡蘿將自己的悲傷與她與母親的關係做出連結，我們才得以發現這些行為代表的意義。雖然我們還沒有完全解決這個問題，但我們已經意識到，過去的痛苦經驗會影響卡蘿在照顧孩子時的感覺，尤其是在涉及進食這一部分時，而卡蘿有可能會選擇接受心理治療。唯有在卡蘿意識到過去與現在的關聯時，她才能避開這些情緒，聽見我的建議，讓夏洛特做出自己的選擇。在接下來的診療中，卡蘿藉由一個有趣的故事讓我看見我們一起努力後得到的成果。她在前陣子依然焦慮的時候，詢問夏洛特為什麼願意為了伯母吃草莓，卻不願意為母親吃草莓。夏洛特明確地回答道：「我是為了自己吃草莓。」

提供建議、父母訓練、行為管理與心理教育都需要運用左腦來思考。但若我們想要改變行為，我們必須先改變我們感覺的方式。在右腦中樞，也就是情感中樞活躍時，提供哀悼的空間與時間能幫助我們改變感覺的方式。卡蘿前來診療時，希望我能告訴她該怎麼做。但在深切的悲傷淹沒她並退去後，她像我承認，其實她在好一陣子前就知道該怎麼做了，她只是無法實行。她害怕自己會傷害夏洛特，又對自己與母親間的關係感到悲傷，她的恐懼與悲傷互相交纏，不讓她前進。在抒發了自身傷痛帶來的悲傷後，她終於能將女兒視為獨立的個體。從某種意義上來說，哀悼可以讓父母看見孩子的真我。

皮克斯的電影《腦筋急轉彎》構思巧妙且含意深遠，在電影中，每種情緒都化身成了一個角色，藉由劇情強調，對於我們的思考、感知與人際互動來說，每種情緒都是必要的。在《腦筋急轉彎》中，主角從失落、恢復、成長到變得喜悅的過程中，圓滾滾又戴著眼鏡的藍色悲傷都佔了很重要的角色，這或許是電影中最重要的一件事之一。

單純的哭泣並不能改善我們的感覺。孩子的「問題行為」背後通常藏了一個失落的故事，問題行為的成因不只是失去，還包括了未修復的連結。父母的舊傷可能會讓他們不把孩子視為孩子本身。雖然治癒這些關係可能需要父母額外付出長期的努力，但是在治療的當下指出舊傷並感受這些舊傷，能幫助父母設想孩子的感受。若父母沒有安全的空間可以抒發強烈的傷痛，避開悲傷的感覺或許也是一種健康的適應方式。但這些鮮明的失落感有可能會造成阻礙，使父母無法專注在孩子身上，無法同理，以至於無法支持孩子健全的發展。一旦父母得以讓這些情緒各得其所，就很有可能順利解決孩子的行為問題。

我在數年前曾參加奧思丁瑞格中心舉辦的工作坊「精神分析與佛教的交互作用」。那時我對佛教一知半解，但我深受心理分析學家D・W・溫尼考特與彼得・弗納吉的影響，因而對此感到好奇，想多了解這種交互作用。那時我漸漸發現，父母常會在感受到深切的哀傷後，做出有意義的改變，並因此建立正向連結，這讓我對於佛教的哀悼特別感興趣。

工作坊的主持人喬瑟夫・巴布洛（Joseph Bobrow）的態度溫和有禮，傳達出一種平和、包容而寧靜的威權感。他描述了佛教「重新描述我們的悲傷」的概念。他描述了悲傷會如何「綁架」我們，但在不帶批判的環境下說出我們的故事，擺脫羞愧的陰影後，故事會「回歸其相應的位置」。他說，我們要容忍悲傷，隨著希望一起抒發悲傷，如此一來才能讓悲傷被轉化成「生命的浪潮」。他說，心理治療師在「專注於當下」時能提供平和、規律與治癒，讓這種轉化成為可能。

在巴布洛談及冥想與佛教禪學時，我靈機一動地想到，我可以藉由冥想讓父母注意到，思考與行為的模式是如何誤導我們的。我想起在工作時，只要我協助父母放慢腳步，他們就會發現到孩子的行為其實會激怒他們，也會發現他們下意識地誤解了孩子的行為背後的真正動機。

我會在父母說：「他從來都不聽話。」或甚至「他糟透了」的時候，協助他們轉為描述孩子某一次哭鬧的詳細狀況，這種時候，父母通常會突然發現孩子的行為其實是一種刺激，讓他想起了自己過去曾經歷的失去和悲痛。一位父親發現，他之所以會對女兒的「反抗」有非常憤怒的反應，是因為他聯想到了自己的父親搧他耳光的記憶。一位母親原本因為丈夫不協助處理孩子的哭鬧而感到生氣，她在診療中發現，這種憤怒其實是因為她對於逐漸崩毀的失敗婚姻感到深切的痛苦。巴布洛用文字描述出了這種轉變，他說這是「藉由痛苦，把稻草轉為黃金」的機會。父母在理解情緒，並從悲傷中「獲得益處」之後，就可以「重新描述悲痛」，藉此區分自己的感覺與孩子的感覺。

若父母不將深切的悲傷抒發出來，而將之埋葬在心裡，他們就有可能會破壞現有的連結。反過來說，若父母注意到孩子會刺激自己的感覺，也有機會在安全而包容的環境中哀悼過去的傷痛，他們就能消除這些感覺對孩子造成的影響。唯有放慢腳步，父母才能將孩子視為孩子獨立的個體。如此一來，孩子才能感受到被看見與被理解，因而平靜下來。這些冥想的步驟將引導父母獲得真正的喜悅，以及隨之而來的親子連結。

失落也是育兒的一部分

我們在成為父母時，得到了獨一無二的愛。但在打開心門迎接這種愛的同時，我們也變得容易受到失落的傷害。失落是育兒不可避免的一部分。單單是第一次把嬰兒留在他自己的房間裡睡覺，就會讓人覺得痛入骨髓。而只是第一步，在孩子長大的過程中，我們還會經歷更多失落。第一天上幼兒園、進入大學，以及所有逐漸成為獨立個體的進程，對父母與孩子來說都是既矛盾又失落的經驗。雖然我們可能不太會意識到，但是成為父母的確會讓我們變得容易受到失落的傷害，我們總是覺得自己不太可能遇上這種傷害，但這種傷害確實存在。

育兒的重要任務之一，就是管理好因害怕失落而產生的焦慮。不只是在把孩子放上床時，還有讓他們滑下溜滑梯時、去上幼兒園時，或者到山上滑雪時。我們要容許他們離開，並成長。我們必須獨自學會控制我們深沉而複雜的傷心與擔憂。

我在柳原漢雅（HanyaYanagihara）的小說《渺小一生》中，讀到了一段唯美而痛切的類似描述。

你從來不知道何謂恐懼，直到你有了孩子，或許正是此種無知讓我們誤以為對孩子的愛是更加宏大的，但恐懼其實比愛還要更宏大。你在每一天的第一個念頭不是「我愛他」，而是「他還好嗎？」整個世界在一夜之間自我重組，變成了一場恐懼的障礙賽。我把他抱在臂彎裡，在等著穿越馬路時想，我真可笑，竟期待我的孩子，甚或任何孩子能存活下來。他們能存活的可能性就和那些晚春羽化的蝴蝶一樣——你知道的，就是那些小小的、白色的蝴蝶，我有時會看到這些蝴蝶東飄西蕩地飛越空中，總是只差那麼一毫釐就要把自己撞碎在擋風玻璃上。

我在懷著我兒子的時候，醫師告訴我，他可能會有非常嚴重的心臟問題。事實證明醫師的可怕預測是錯的。他只有輕微的瓣膜異常，之後只要定期檢查就可以了。現在他十七歲了，他的心臟與瓣膜和他一起健康地長大了。直到現在，我在對他說「晚安，我愛你，明天早上見。」時，依然會想起當時對於失落的極端恐懼。但在他八歲那年，在他懇求我們同意他像大姊一樣去過夜露營時，我們同意了。

理解了這種失落的恐懼後，我們就能理解為什麼嬰兒監視器的科技會這麼發達了。有的監視器藏在泰迪熊的鼻子裡，畫面會傳送到電視上，讓父母看見嬰兒的一舉一動。有的產品可以被穿在嬰兒身上，透過皮膚測量嬰兒的心跳速率與呼吸。如果嬰兒曾被診斷出有健康上的問題，監控心跳速率與呼吸當然有可能是必須醫療手段。但我們在使用這些監視器時必須保持謹慎，最好在醫師的建議下使用。父母沒有必要監控沒有健康問題的嬰兒。讓出生不到六個月的嬰兒面朝上睡覺，比買嬰兒監視器更能保護他。

我想，或許這些產品是一種隱喻，代表美國文化沒有空間與時間能接受與消化痛苦。當父母為了遇到困境的孩子向外求援時，不論他們的故事為何，失落感（尤其是未被發現或未被表達的失落感）通常是最鮮明也最主要的原因。父母可能會為了他們想像中的孩子感到傷心，因為對於他們與孩子來說，這是最輕鬆的一條路。我們一開始總會希望孩子成為我們想像中的人，但那並不是孩子本身，我們應該放下這種希望，讓自己專注於當下，讓孩子成長並發展，觀察他會成為怎樣的人。

「你在懷孕時有遇到什麼困難嗎？」我發現，在專注於孩子被帶來評估的「行為問題」之前，詢問這個簡單的問題常能讓父母開始宣洩關於流產及不孕的深切情緒。在過了十八年後，我依然能栩栩如生地想起，我的家人是如何好意寬慰我「別擔心，你還會再次懷孕的。」相較於那時我在懷孕初期流產後感受到的痛苦，這些安慰只讓我覺得味同嚼蠟。我們生活在美國文化中，時常無法理解出流產會帶來多大的影響與衝擊。

歷經流產、不孕的父母，容易陷入育兒恐慌

一項最近的研究顯示，流產帶來的抑鬱與焦慮苦能會持續三年之久，就算期間母親生下了健康的嬰兒也一樣。父母與醫師有可能以為，一旦生下了健康的嬰兒，這些感覺就會消逝。但若父母未曾哀悼自己的失落，並藉此跨越痛苦與悲傷，恐懼與傷痛的感覺就有可能會留在心裡。這些感覺可能會被貼上焦慮症與抑鬱症的標籤，並使父母無法專注在健康的嬰兒身上。

一位母親告訴我，她曾失去過一個孩子，在後來產下健康的嬰兒後，她有整整一年都深受嚴重的產後憂鬱症折磨。在另一個診療案例中，患者是一名五歲大的男孩，有嚴重的分離焦慮問題。一開始，我們聚焦於如何讓他願意睡在自己的房間裡。但在我們對彼此更加熟識後，他的母親坦白地告訴我，她在男孩三歲時曾流產

過一次，這讓她非常傷心。最後我們發現，其實小孩是在擔心他的母親。他的分離焦慮來自於想要保護母親不再感到傷心的欲望。一名年輕的女性因為注意力不集中與過動行為被診斷出ADHD，接受了多年的治療。在精神狀況出現明顯的衰退後，我們才終於聽到了她的故事。她有一個哥哥，在她出生的前一年就胎死腹中了。在她剛出生的那幾年，她的母親由於失去她哥哥，長期受嚴重抑鬱症所苦，但她從來沒有談過這件事。

「流產後懷孕支援」（*Pregnancy After Loss Support*）是一個重要而溫馨的部落格，這個部落格提供流產後再次懷孕的父母一個空間，能理解並分享心中的複雜情緒。在其中一篇文章裡，一位母親傳神地描述了流產對後來生下的孩子與自己之間的關係有什麼影響。她對一位斥責她不該讓兒子跑在她前面的聯邦快遞員發話。

> 聯邦快遞員先生，你並不知道，你那天早上看到的景象代表什麼意義。你不知道，要讓我的孩子走在我前面是多麼困難的一件事。他還在我的子宮裡時，我幾乎每一分每一秒都在擔心他還會留在子宮裡面多久。你不知道，從他誕生的那一刻起，他就能用那雙清澈的藍眼睛靜靜地告訴我，他的靈魂是多麼蒼老、多麼睿智，

有時候他的雙眼會讓我忽然意識到，我們之間的關係有多麼神奇。你不知道，看著他長大並越來越獨立，獨自經歷層層轉變，對我來說既是生命中的驕傲與喜悅，同時也是一種無法停止的悲傷。

痛苦、失落與不孕症療程彼此糾纏不清，和流產帶來的悲痛一樣難以被發現，尤其是在母親生下了健康的孩子之後。有證據顯示，不孕症療程帶來的影響可能會在生下孩子之後繼續存在。丹麥最近的一項研究顯示，曾治療不孕症的父母所生下的孩子罹患精神失調的機率，比一般孩子還要高上百分之三十三。研究者並未告知原因，但他的假設是，較高的機率並非來自於不孕症的治療，而是來自於母親對不孕症本身的反應。這些「精神失調」意味著父母把揮之不去的失落感傳遞到下一個世代身上了。

母親或者父親在進行不孕症療程時，雖然沒有受到生理上的傷害，但是必定會有情感上的創傷，因而可能在育兒時變得十分脆弱。無論專業人士提供多少善意的寬慰，父母依舊有可能會對新生兒的健康狀況抱持著持續的焦慮。在治療不孕症時，父母常會再三感到失落，這種失落感不只來自於未成功的每個週期，有時也來自於早期流產。這樣的經驗可能會讓父母表現出適應反應，為了預防自己再次感到失落而表現出情感上的疏離。他們可能會拒絕投降，拒絕愛上新生兒。他們也有可能只是在療程中耗盡了情感。

曾被不孕症治療施加壓力的父母，在發現孩子罹患精神失調的機率較高時，他們會變得很驚慌。但正如我們在第三章所說的，這種認知雖然會讓他們驚慌，但更重要的是能提供他們預防的機會。在最理想的狀況下，接受不孕症治療後產下孩子的父母，應該獲得額外的時間與注意。若我們能提供空間讓父母得以抒發失落帶來的悲傷與恐懼，並考慮到這些情緒對新家庭產生的影響，我們就能事先預防未來可能發生的問題。

勇敢面對悲傷，重建全新的親子關係

心理健康專業人員常提到「替代品孩童」這個詞。父母在一個孩子死去過後生下的下一個孩子就是「替代品孩童」，這個詞可以兼用在孩子與成人身上。父母永遠不會停止哀悼死去的孩子，那是一種無法被消化的悲傷。但若我們不把悲痛抒發出來，這種情緒便有可能會對其他關係造成影響。

艾蜜莉在她的兒子麥可三個半月大的時候帶他來見我。麥可比預產期早了一個月出生，但我一眼就能看出他現在很健康。我記得他的母親一步也不願離開他，是真的一步也不願意。她一直緊貼在麥可身邊，但沒有把他抱起來，似乎不願意讓我接近他。

麥可是個健壯的小孩，他的視線一直追著母親的臉，臉上掛著大大的笑容。艾蜜莉體型嬌小，她語調輕柔地告訴我，她覺得麥可很健康。事實上是太健康了，她甚至開始認為麥可會具有一些這麼小的孩子不會有的特質。「他能自己安慰自己是件好事，對吧？我應該讓他哭，對嗎？」她似乎很焦慮。

大概一年前，艾蜜莉失去了一個孩子，她把孩子取名為克里斯多夫。艾蜜莉在身懷九個月的克里斯多夫時遇到了一場車禍，孩子不幸死亡。艾蜜莉幾乎在那之後立刻又懷孕了，生下了眼前這個奇蹟般的嬰兒。我看著坐在藍色彈跳椅上的麥可漸漸睡著。他的臉頰圓潤豐滿，但他看起來依舊幼小而脆弱。

「他非常健康。」我說。在我安慰她時，艾蜜莉臉上依舊掛著猶疑的表情，她轉而問起了睡眠狀況。「他可以繼續睡在我們的床上嗎？這對建立親密連結有幫助嗎？」她問。我對於這個問題感到疑惑，因此停頓了片刻，請她解釋這個問題是什麼意思。

「他和我有建立連結嗎？」她問。在我試圖回答時，她打斷我道：「我們可以在把孩子生下來之前建立連結嗎？我是說，我和克里斯多夫建立了連結，但是他死了。我在身懷麥可的時候沒有和他建立連結。」

我覺得手臂發麻，胸口一緊。我看著淚流滿面的艾蜜莉，我的眼中也蓄滿了淚水。我們靜靜地坐著，感受著失落帶來的難以忍受的悲痛。

艾蜜莉發現，或許再次迅速懷孕這件事導致她難以哀悼自己死去的第一個孩子。她告訴我：「我覺得自己好像沒辦法把我的所有都給麥可。我必須有所保留，這樣才能保護自己。」我們共同連結的時刻或許讓她變得更堅強了，她在診療中找到了面對悲傷的勇氣。她知道，面對悲傷不但對她來說很重要，對她與孩子間的關係也很重要。

一篇刊載在《紐約時報》專欄中的文章指出了，美國的文化期望如何阻礙了人們進行哀悼。作者諷刺地將文章命名為〈正確的悲傷方式〉，並用美好的例子讓我們看見，我們需要空間與時間才能傾訴故事，才能在面對深切的悲傷時感到安全。該文的作者是一名心理治療師，他曾診療的一名病患由於嬰兒猝死症而失去了孩子，令人訝異的是，這名病患在過了六個月後依舊深受失去所苦。另一位醫師認為這名病患罹患了抑鬱症，並使用了藥物治療。作者自己也曾失去一個孩子，因此他並沒有詢問病患的症狀，而是請她說出她女兒的故事。他寫道：

瑪莉在說到這裡時，終於劇烈地哭了起來。她似乎對於這股淹沒了她的情緒感到很訝異。這是在孩子死後，她第一次用這種方式宣洩悲傷。她說，她從來沒有一口氣把女兒從懷胎到死亡的過程說過一遍……如今，這項失落變成了她的故事中，可以宣之於口且值得珍惜的一部分，不再是她試著埋藏在過去的悲痛事件。

處理過去的悲痛，找出失落根源

若我們無法提供空間與時間傾聽這些感覺，這些感覺就有可能會造成後代的問題。班的故事即為一例。一開始來預約的是班的父親約翰。「他從來都不聽我說話。」他在電話中告訴我，「我需要你的協助，讓他聽我說話。」六歲的班比較喜歡母親莎拉，而且時常對父親表現出直白的拒絕。莎拉覺得班沒有問題，一開始不願意一起診療。但我按照慣例，要求父母一起來進行第一次診療。前來診療時，約翰身穿講究的西裝，看起來十分專業，但他舉止煩燥不安，顯然對自己與兒子間的關係感到絕望。莎拉則與他相反，她冷靜地坐在約翰身旁，似乎對眼前的狀況感到有點困惑。

班和莎拉及祖母，也就是莎拉的媽媽都非常親近。約翰覺得自己無法融入他們之中。最讓約翰沮喪的是，莎拉一點也不認為這個狀況有什麼問題。約翰覺得他與兒子之間越來越疏離，但莎拉卻只是漫不經心地告訴他這沒什麼。在一起經歷了一個小時的診療後，兩人都知道我會保持探究但不批判的態度，因此他們向我揭露了莎拉的故事。

莎拉有一個哥哥，名叫班，在莎拉出生前死亡。莎拉在懷孕後期夢到哥哥對他說：「我要來陪你了。」」這個夢讓莎拉決定要把兒子取名為班。班是「替代品孩童」，但不是來自於他的父母，而是來自於祖父母那一代。莎拉的整個童年都籠罩在她母親失去孩子的悲傷陰影之下。從某種意義上來說，班的誕生把莎拉與她的母親從悲傷中拯救了出來。班把死去的哥哥帶回給莎拉與她的母親，治療了她們。但是沒有人認知到這件事，用佛洛依德的話來說，這件事發生在無意識之中。

這個故事讓約翰從全新的角度看待他與兒子之間的問題。他的妻子與岳母因為過去的失去而彼此連結，將他拒之於門外。問題的根源不是約翰與班之間的關係，而是牽扯不清的悲傷與失落。

約翰了解了他與兒子之間的問題從何而來，因而感到如釋重負。班的行為，也就是他的「不聽話」，其實是一種溝通方式。他在扮演的是母親想像出來的角色。約翰誤以為班的行為是拒絕，因而做出憤怒的回應，導致兩人之間溝通不良。如今他重新理解了這種行為背後的意義，就能減少怒氣，以較冷靜的方式回應。作為反饋，班的行為立刻有了明顯的改善。莎拉如今意識到自己把兒子當作已逝的哥哥的替身，開始願意協助修復丈夫與兒子之間的關係。

在莎拉與約翰有機會說出這個故事之前，莎拉一直不把孩子視為孩子本身。若孩子一直被父母視為別人，就有可能會為了順從父母的期待，發展出溫尼考特所謂的「假我」。班在沒有人意識到的狀況下，慢慢轉變成母親與祖母希望他成為的樣子。他順從母親與祖母的需求，替代了死去的哥哥與兒子，這種強烈的情緒需求使他將他的父親排除在外。

如今故事已被攤在陽光下，他們便得以開始約翰與兒子間的關係了。若他們沒有把故事說出來，班和他父親的關係可能會越來越遙遠，最後可能會在家庭關係中產生無法控制的長期影響。班可能會在缺乏穩定父子關係的情況下長大。可以想見，等到班長大成人後，或甚至生子之後，這段問題關係產生的影響可能會慢慢浮現。若我們沒有找出失落的根源，失落帶來的症狀可能會代代相傳下去，讓最初的故事扭曲變形，更加難以辨認。

說出故事，建立深度情感連結

前來奧思丁瑞格中心的病患中，許多人都曾接受多年精神科治療，但效果不彰。他們被診斷出多種精神疾病，接受多重精神科藥物治療。這間醫院的開放式環境十分獨特，提供大量時間與空間讓家庭訴說他們可能從來沒有說出口的故事。在這裡，病患有機會將埋藏已久且未曾宣洩的失落與他們的症狀連結起來。

奧思丁瑞格中心出版的書籍《一位病患的觀點》（*A Patient's Perspective*）描述了一位年輕女性病患的故事，這個故事混雜了許多不同病患的經歷（藉此保護病人的身分），但卻非常具有代表性。故事中的這位病患曾濫用藥物，在來到奧思丁瑞格中心之前已被診斷出多種精神疾病。她在進行家庭治療的期間寫到：

我知悉了很多過去不知道的家族故事。我的祖母在幼時被拋棄，是被一位伯母養大的。我的父親與他自己的父親間的關係很差。我的父母因為必須照顧我的祖母而覺得生氣、難過又羞愧，因此從祖母死後直到現在，他們從沒真正哀悼過她的死亡。我過去完全不了解我的祖母與父母曾經歷過多麼困難的生活，在療程中聽到這些困境讓我有了不同的看法。我理解到，我的崩潰來自於整個家族的沉重失落，只要我是家族中的「病患」，其他家庭成員就不需要面對他們自己的失落與悲傷。

這些病患因為來到奧思丁瑞格中心接受治療，才有機會說出這個故事。但這一類的故事不只發生在奧思丁瑞格中心的病患身上，其他罹患心理疾病的人背後很有可能也有一個類似的故事。

法國心理分析學家法蘭索・達瓦納（FrançoiseDavoine）與尚馬克思・哥迪耶（Jean-MaxGaudillière）替他們的著作《創傷背後的歷史》（*History Beyond Trauma*）下的副標題是：「對於無法言說之事，我們不應保持沉默。」他們認為若我們不能將造成創傷的故事宣之於口，這些創傷就會以心理疾病的形式浮現。他們把故事區分成「大歷史」（背景是社會衝突與戰爭）與個人的家庭歷史，要注意的是，個人的家庭歷史常會是大歷史的反射。

創作歌手妲・威廉斯（Dar Williams）用美麗的歌曲《經歷一切之後》（*After All*）描述了這個現象。歌曲曲調傳達了強烈的情感，她在歌詞中描述她發現自己的抑鬱其實是父母經歷的歷史所反射，包含父母個人的家族歷史與他們的「大歷史」。她在一場演唱會中說，她很訝異這首歌會引起這麼多人的共鳴。

那麼所有的真相
就像是舒展的海浪的故事

為了自我療癒，她必須了解那個故事。
但若我要安穩睡去
我知道家庭中還有尚未說出口的真實
所以我追溯竊竊私語的井水
透過他們了解我自己

她理解跨越傷的重要性。
我知道他們不想讓我看見他們的痛苦
他們不懂我為何這麼做

從歌詞中可以看出，威廉斯知道了某些「大歷史」。

但現在我能安穩睡去
有時真相就像是第二次機會
我是壯麗愛情故事之下的女兒
他們是戰爭之下的孩子

一旦她「追溯那口竊竊私語的井水」，她便能獲得平靜，進入生機勃勃的世界之中。若他們缺乏時間與空間把故事說出來，抑鬱症的診斷有可能會使威廉斯及其父母的痛苦繼續沉默下去。威廉斯藉由理解故事而跨越了痛苦，與父母建立起全新的親密連結。

父母越自在，孩子的適應力越好

每個孩子誕生於世時都帶著獨一無二的個性，他會用盡全力地表現自己，讓別人看見他的獨特個性。但父母常會被痛苦的家族歷史拖累，無法真正看見孩子的自我。如我們在書中所見，「行為問題」可能是孩子的表達方式，他在努力告訴我們：「我需要你解決這個問題，如此一來你才能自在地與我相處。」

但是父母有很高的機率會拒絕說出家族故事。他們可能會認為，若要透過探索他們的過去才能了解孩子的行為，就代表現有的問題是他們的「過錯」。他們對於探索過去感到矛盾的原因是罪惡感，是想要避免痛苦記憶的欲望，他們擔心自己的感覺不會受到理解。

因此，想要幫助孩子，我們就必須花足夠的時間傾聽父母的故事。埃默里大學的心理學家羅賓・菲伍什（Robyn Fivush）在他的論文〈會說話的沉默〉（*Speaking Silence*）中，節錄了哲學家蘇珊・布里森（Susan Brison）的話：「想要建構正確的自述，我們需要的不只是足以表達出故事的話語，還要有聽眾能聽見我們說的話語，了解我們的話語想表達的意義。」刊載在《紐約時報》上的文章「我們背後的家族故事」提到了一項菲伍什和馬歇爾・杜克（Marshall Duke）在埃默里大學做的研究，這項研究證明了孩子對於家族歷史（也就是家族故事）的理解，會影響到孩子的適應能力、積極自尊和整體心理健康。這種影響在家族歷史的敘述中包含了成功與困境時，會變得特別明顯——他們把這種敘述稱之為「擺盪敘述」。了解家族故事能讓孩子獲得研究人員所謂的「代間自我」（intergenerational self）。

調查顯示，孩童是否了解家庭歷史與孩子的積極自尊有關聯，但並沒有解釋這項認知為何對健康發展有所影響。我想或許是因為，若父母能為自己的過去哀悼，就能接著移除這些過去對孩子的影響，進而發現並支持溫尼考特所謂「孩子的真我」。父母在理解了自己的失落、失敗與成就後，他們便能自在地將孩子視為孩子本身。相反的，若他們把棘手的感覺放在心底，他們就有可能看不到孩子本身，尤其是在父母從未替某個深藏已久的失落哀悼時，更是如此。孩子可能只能透過行為來表達自己需要建立連結的渴望。

帶著希望傾聽

我在九歲時，個性極度害羞膽怯。若我是活在現今的孩子，可能會被診斷成社交焦慮症，也或許會需要服用SSRI（選擇性血清素再吸收抑制劑）。但當時我的父母很推崇蘇格拉底的看法：「未經省思的人生不值得活」，因此，我在他們的影響下開始探索這些症狀的成因。

我現在已經知道九歲這個年齡的意義了。在我父親九歲時，希特勒的強權逐漸崛起。我的父親從未告訴我這個故事，但這個故事的陰影依然籠罩了我的成長。他在大屠殺中失去了家庭、朋友和國家，這些失去住進了我心裡。他從沒說過這個故事，而故事的沉默成了我們之間的溝壑。他的失落轉變成了我的失落。

我的兒子鼓足勇氣詢問他的祖父，打破了故事的沉默。過了足足兩個世代之後，我的父親才終於開始說這個故事。二〇一二年三月，國二的伊萊與同年級的同學一起參訪位於華盛頓特區的美國大屠殺遇難者紀念館，我的父親在他們參訪後對他們講了這個故事，那時他八十八歲。

他坐在學校的簡陋禮堂舞台上的一張摺疊椅中，聽眾是一群呆愣的年輕人。他講了整整一個小時，中間不曾停下來喝一口水。他描述自己如何在希特勒崛起時的德國長大，如何在青少年時期透過專為孤身一人的孩子設置的計畫，來到了美國，而後成為公民。他說，在戰爭末期，他以軍人的身分隨著美軍回到德國，剛好駐紮在家鄉附近，並奇蹟似地從集中營裡救出了他的父母。他那時已將近五年沒有父母的消息了，只能從小鎮的前任鎮長那裡打聽他們的下落。他的指揮官准許他駕著一台小型飛機前往特雷辛集中營，在那裡找到他的父母，並把他們帶到安全的地方。

我的父母發展出了高度適應的反應，總是心懷牢不可破的樂觀主義，堅信一切都「很好」。母親出於想要保護父親的好意，明確地告訴我，她認為在伊萊的學校演說會傷害到我父親。但我知道我想要的是什麼（我是獨生女，可以獨自決定這一類的事情），我克服了害怕他會在當天遇到可怕意外的恐懼，讓一切順利進行。

在那之後，他的心情非常愉悅。這次演說讓我看到他從未讓我看過的一面。我與他的過去有了短暫的相遇，我們之間建立起了全新的連結。我渴望能知道更多過去的事，因而建議我們可以一起寫一本書。雖然一開始我滿腔熱血，但很快就遇到了我所熟知的沉默。在我試著和他談話時，我又多聽他說了幾個故事，但他沙啞的聲音讓我隱約發現，這些故事背後的痛苦讓他難以忍受，沒過多久，他就不願再多說了。

因此，我決定要透過我的故事來說他的故事。一開始，我把這本書的主題定為哀悼。我知道「問題行為」常來自於失落，因此我的目標是讓讀者看到，哀悼對治療有多大的幫助。

但這個主題卻讓我的編輯感到猶豫。有所謂的「正確的」哀悼方式嗎？這種書或許會讓人覺得太過標準化。她問我，究竟是什麼讓父母在我的診療室中經歷了轉換的瞬間，讓他們流下眼淚，並藉此發現了與孩子間的深刻連結？我提到了一篇我放在部落格上的文章，標題是「治療方式是空間與時間」。「就是這個！」她從椅子上跳起來大喊。於是，一本關於傾聽需要的空間與時間的書就這樣誕生了。

要是我在九歲時就因為社交焦慮症接受了藥物治療，我父親的故事以及這本書中的許許多多故事，就不會有機會被聽見了。我花了很多時間傾訴我自己的故事。我在四十歲終於聯絡了一位心理治療師，她提供了一個安全的空間讓我大哭一場，為我的父親哀悼，也為他的失落與我的失落哀悼。現在，藉由協助其他父母哀悼他們的失落並與年幼的孩子建立連結，藉由我在診所的工作，藉由這本書，我抒發了我父親的故事帶來的沉默。

第10章

傾聽，讓孩子的心靈更堅強

創造需要拋棄確定性的勇氣。

——埃里希．弗羅姆／精神心理分析學家

我在傾聽故事的時候總是保持開放的心態。我們從疑惑與無知的角度探索「問題行為」，之後的發現總是讓我感到驚奇無比。奇拉因為睡眠問題而來找我診療。她連續十五個月，都要每隔兩到三小時餵一次她的兒子亨利，嚴重的睡眠不足讓她的身體越來越虛弱。她來就診時態度從容而冷靜，理智地想要解決問題，並詢問我她該怎麼做。她知道除非半夜不再餵奶給亨利吃，否則是不可能教會他好好睡覺的。但是，她告訴我，他沒辦法不餵亨利喝奶，她害怕會對亨利造成傷害。我注意到她的為難，因此沒有立刻提供建議或寬慰她，而是請她解釋為什麼她會認為自己會「對亨利造成傷害」。正如我過去常碰到的狀況，我疑惑的態度改變了她的姿勢、語調與想法。她思考了一陣子之後開始對我解釋，逐漸引出隱藏在恐懼背後的真實情感。

她的臉部表情與肢體都變得放鬆，在講述弟弟突然死亡的故事時留下眼淚。而她的兒子正是用她弟弟的名字做為命名的。雖然她理智上知道弟弟會因船難死亡並不是她的錯，但她心中一直藏著揮之不去的疑惑。她將會在未來慢慢接受這些情緒，但現在她已經知道，「造成傷害」的擔憂並不是來自於擔心亨利。我們兩人都覺得感動，不只是因為發現了症狀背後從未被說出口的故事，更是因為這個片刻能造成多大的轉變。

一旦奇拉把擔憂的感覺歸回原處，她就能停止在半夜餵亨利喝奶。亨利終於能整晚安眠，全家終於能享受過去難得一見的平靜。

我們常常出於好意告訴別人：「我懂你的感覺」，但這句話很容易被認為是成煩人的同情。同理心則與同情心則不同，同理代表的是不知就裡。萊絲莉・傑明森（Leslie Jamison）在她備受讚譽的散文集《同理心測驗》（The Empathy Exams）中描述了這個概念：「同理心需要等量的疑惑與想像。同理心需要你知道自己不知就裡。同理心代表你正試著理解你永遠也無法看見的視野。」唯有在確知自己無法真正了解對方感受的狀況下試著想像對方的感受，我們才能與對方建立連結，才能專注在當下，協助對方成長與康復。

溫尼考特認為，在孩子出生的頭幾個月，不確定性對於發展真我是非常重要的。嬰兒在剛出生時無法照顧自己，因此母親必須滿足嬰兒的每個需求，但在過了需要母親全神貫注的階段之後，母親就無法也不應該再繼續滿足嬰兒的所有需求了。孩子會逐漸發展出更健全的能力，開始發展自己的獨立人格，這時母親自然就會開始對嬰兒需要什麼感到不確定。足夠好的母親並非完美，而正是這種不完美讓孩子有空間成為自己。溫尼考特寫到：

「一旦嬰兒感覺到自己與母親各自成為了獨自個體，母親通常也會有所察覺，並在此時改變態度。就好像她在這時理解到，嬰兒不再期待有人會像變魔術般理解他的每項需求。若是母親直到這時還能完全理解嬰兒的需求，那這就會變成真正的魔術了，而這種魔術會使母親無法與孩子建立親子關係。」

孩子會透過這些早期的誤解、「失敗」與不理解，學會忍受人際關係中不可避免的不確定性。艾德・夏畢洛（Ed Shapiro）在他的論文〈好奇〉（On Curiosity）中，描述了不確定性對真我的發展產生的影響。他描寫一位母親：

她必須拋下對自己的準確同理心的信任（也就是拋下她所感受到的確定性），藉此在腦中清出一個空間，讓孩子在這裡發展出不同的樣貌。在這個為下定義且充滿可能性的空間中，孩子才有自由能用自己的能力以及自己的方法定義他自己。

別讓孩子帶著標籤生活

在孩子陷入困境時，父母可能會在試著確認問題是什麼時面對很大的壓力。但訴說故事需要時間。在現今健康保險系統之下，病症的標籤會決定保險金，這與需要耐心的治療方法水火不容。對診斷及「醫療服務」的需求，可能會讓我們太過草率地認定某個行為是疾病，讓父母沒有機會與孩子一起用他自己的方式面對困境。在尋找行為背後的意義時，我們必定會遇到不確定性。對於發展快速的孩子而言，不確定的時間可能相對來說是短暫的，但孩子的父母生活在步調極快的社會中，這種不確定性定常令他們覺得難以忍受。

舉例來說，我在第五章描述過的自由且愉快的診療形式，可能會使父母在一開始感到極度焦慮，他們期待的是正式的評估療程。他們可能會懇求孩子：「喬伊，和醫生講話呀！」但若我們在診療中維持這種緩慢的速度——就像觀察溫尼考特的實習生所描述的：「不知道怎麼回事」，就很有可能在診療中揭露非常不同的視角與意義。

我們想要提供時間與空間找出行為與關係中的細微差別、複雜性與不確定性，但DSM讓醫師慣於依據症狀判別精神失調，最後有很大的可能性是讓病患進行藥物治療，創造出確定的氛圍，告訴你「你生了甲病症，要用乙方法治療。」人類在幼年時期會經歷大量的成長與改變。我們在斷定孩子的問題是「精神失調」時，很有可能還沒看見完整的故事。父母、醫師與老師可能都會將孩子的行為視為疾病的一部分，而不是孩子正在逐漸浮現的自我。

若孩子被標上了病症的標籤，他可能會表現出溫尼考特所說的「順從」，讓大人定義他的感覺，帶著標籤生活下去。溫尼考特相信「充滿創意地活著才是健康的狀態，順從的生活是不健全的。」

第一代診斷與統計手冊，也就是DSM1，在一九五九年問世，溫尼考特當時就已經在擔心這些診斷標籤的使用方式了。他觀察到，當精神病醫師在特定時刻診斷病人時（例如在病人住進醫院或遇到重大危機時），醫師會忽略病人的歷史與背景故事。溫尼考特理解分類的重要性，也知道我們必須考慮他所謂的「環境」，也就是形塑個體發展的故事背景與人際關係。他觀察到，在病人說出故事後，那些診斷標籤都會發生改變。

現今的保險體制讓醫師沒有時間與空間傾聽故事，被診斷出來的精神疾病數量呈現指數成長，孩子將受到意想不到的影響。在溫尼考特的年代，人們還沒有用如此大量的精神科藥物治療這些「疾病」。那時也沒有複雜的健康保險企業，因此他的診所也無須在企業的影響下創造出十五分鐘的藥物治療檢測。在如今的社會變遷下，我們更需要重視他傳達的警訊。若我們順從地聚焦於快速診斷與藥物治療，可能會就此抑制孩子的健康發展。

腦科學與確定性的研究

我們終有一天會理解大腦的秘密，就像我們如今理解了蘊藏在DNA中用以複製生命的代碼一樣。但就算到了那一天，我們依然會對大腦感到驚奇，一團濡溼的物質讓我們得到了思想、視線、聲音與觸覺，像是議場體內的鮮明電影，而自我，自我又是另一個鮮明而精巧的幻象，像是鬼魂一樣在腦中遊蕩。我們是否真有一天能解釋物質是如何成為意識的呢？

上述文字來自於伊恩・麥克伊旺（Ian McEwan）的小說《星期六》，小說描述了一位神經外科醫師的一天，傳達了作者對人類思緒的敬畏。而麥克伊旺的優美文字也讓我們對他思緒中的創造能力感到敬畏。心理學家蓋瑞・馬庫斯（Gary

Marcus）在《紐約時報》的專欄中呼籲人們注意「腦科學帶來的問題」。或許他正是受到上述文章的啟發，他在文章中指出，雙股螺旋的發現建立了遺傳學與生物間的橋梁，但我們缺乏神經科學與心理學之間的橋樑。

但，事實上我們已擁有一座橋梁，從「閱讀這段鮮活的描述」這個動作即可見一斑。閱讀文章讓我們能與文章作者建立連結。這座橋梁就是人與人之間的連結。若只是盯著大腦看，我們是永遠無法了解大腦的。只有溝通才能賦予大腦意義。從這個觀點出發，傾聽就是神經科學與心理學之間的橋樑。

美國心理健康學會的前任會長湯瑪斯・因塞爾（Thomas Insel）認為，我們應該用研究癌症、食物過敏與糖尿病的方式來研究心理疾病的神經科學。他在DSM5出版宣布他們將不再資助任何以DSM系統作為基礎的研究，這對DSM來說似乎是巨大的打擊。他表示，他們的目標在於重塑精神科研究的方向，研究應聚焦在生物學、遺傳學與神經科學，如此一來，科學家才能從精神失調的根源定義疾病，而非用症狀定義疾病。美國心理健康學會正致力於發展一套明確而複雜的系統：研究領域準則（Research Domain Criteria）。這套系統的目標是藉由可觀察型行為與神經生物學檢測來分類精神失調。用研究領域準則系統代替DSM系統或許是一種進步，因為研究領域準則中包含了發展與環境影響。但總的來說，該系統主要還是在強調神經迴路的研究。因塞爾在一篇與孩童精神科藥物相關的文章中，將孩子的情感問題與行為問題比做糖尿病與食物過敏，並提到了生物指標。他似乎期待在未來的某一天，我們將能夠用血檢或腦部掃描診斷出孩子的心理疾病。

他將心理感受視為與生理疾病同等的疾病，就像我們常聽到的，「抑鬱症就像糖尿病一樣」，這顯然是因為他想要替情感上的問題（以及平等獲取或平等保險範圍）去汙名化。他做出此種比較，想要將確定性加諸於具有不確定性的情況上。但是他的舉動可能會造成負面影響，這種比較會貶損人與人之間的關係以及思想的複雜度。最近的研究顯示，使用生物學來解釋精神疾病不僅不會降低大眾的汙名化，甚至還會使汙名化更加嚴重。此外，使用生物學解釋解釋精神疾病會使醫師的同理心下降。耶魯大學心理學系在二〇一四年發表的一項研究寫到：「精神病理學的生物學解釋會惡化大眾對病患的看法，認為病患不正常，與一般群眾有所不同，應該受到社會排斥，甚至認為他們不是完整的人。」

糖尿病是胰島素代謝失調所造成的疾病。胰島素分泌自胰腺，而胰腺與大腦不同，胰腺不具有思想與感覺。胰腺不會愛人。胰腺不會悲傷，也不會創作偉大的文學。安德魯・所羅門在討論抑鬱症的巨著《正午惡魔》中，清晰有力地闡述了此一觀點。他寫道：

雖然主流媒體與藥廠都把抑鬱症描述得像是某種如糖尿病一樣的單一成因疾病，但這並不正確。事實上，抑鬱症的確與糖尿病一點也不像。糖尿病患者無法分泌足夠的胰島素，可以透過穩定增加血液中的胰島素來治療。而抑鬱症患者身上則沒有任何物質不足，至少我們目前無法測量出來……「我得了抑鬱症，但那只是化學反應。」這個句子等同於「我是個殺人犯，但那只是化學反應。」或者「我很聰明，但那只是化學反應。」如過要用這種角度思考的話，人的所有特質都只是化學反應……陽光明媚動人也只是那只是化學反應，同樣也只是化學反應還有堅硬石頭與鹹腥的海水，我們充滿渴望與異想的心在漫長的冬雪中睡去又因春日午後惹人思鄉的溫柔微風而開始蠢蠢蠢欲動，這也是化學反應。

將問題歸咎於大腦讓我們感覺到確定性。相反的，意識到大腦、思想、行為與感覺間的複雜連結，我們就必須容忍不確定性。朋友、家人和專業人士可以協處父母處理不確定性，並忍受特定期間的無知帶來不可避免的焦慮。若我們缺乏他人的支持，也就是缺乏溫尼考特所說的「支持環境」，無法讓孩子自由發展，我們就有可能轉而選擇確定性。

學齡前幼兒出現強度反抗，可能是焦慮症

華盛頓大學瓊安・路比博士（Joan Luby）的研究說明了生物精神醫學的疾病模式。這個模式的危險之處在於，能讓醫師確信年幼的孩子罹患了主要精神疾病。路比與其研究小組提出在依據DSM診斷孩子的行為後，發現被判定為重度憂鬱症的孩

子在大腦結構上與其他孩子有所不同。一項最近的研究顯示，和其他孩子比起來，在六歲被診斷出幼兒園憂鬱症的孩子，腦中的腦島體積較小。此外，表現出所謂「病理學罪惡感」的孩子通常也具有較小的腦島。他們做出了兩個結論。一，他們認為腦島可能是重度憂鬱症的生物指標。二，協助孩子「管理」「病理學罪惡感」的症狀或許可以預防疾病的發生。

這種解釋讓我腦海中的警鈴大作。雖然路比的團隊並不提倡使用藥物治療抑鬱症，但光是將孩子段為主要精神疾病，就足以讓藥廠更容易銷售藥物。我希望能在DSM以定義ADHD的方式定義幼兒園抑鬱症之前敲響警鐘，如今的醫師在以藥物治療罹患ADHD的孩子之前，醫師沒有時間與空間傾聽孩子的故事，不理解孩子的行為其實並非「精神失調」的症狀，而是一種溝通方式。

路比和他的團隊呼籲眾人協助正經歷困境的學齡前幼兒，並提倡我們以支持親子關係作為預防手段，而這個模式的危險之處，就位於症狀與DSM診斷出來的精神失調之間。她的研究可以說是「卡在疾病醫學模式的研究」的標準範例。路比與其團隊最近發表的一項研究顯示，他們所謂的「高強度反抗行為」與「高強度發怒」

與學齡前幼兒的行為規範障礙症有關。然而，如我們在本書中所見，發脾氣是一種溝通方式。把這些行為歸類在行為規範障礙症中，可能會讓我們錯過孩子想表達的事。會導致孩子在往後出現心理健康問題的可能並非發脾氣，而是缺乏他人的理解與回應。

四歲的伊莎貝爾被他的父母保羅和安卓雅帶來診療的原因是，她時常說自己很「壞」，甚至有時會說「我恨我自己」，這讓她的父母非常煩惱。她在遇到問題時，會非常輕易地接受他人的責怪。我們的第一次診療中，伊莎貝爾並不在場，我請伊莎貝爾的父母「想說什麼就說」，她的母親率先開始說話，而保羅則靜靜坐在一旁，姿勢看起來尷尬而疏離，好像他覺得自己不屬於這裡。我趁著安卓雅的故事告一個段落時向保羅提出問題，他很快就放鬆下來，坦白地說起自己的故事。在保羅還小的時候，只要他做了什麼不符規矩的事，他的父親就會給他一巴掌，斥責他是「家族的恥辱」。他帶著深刻的羞愧與恥辱感告訴我，他到現在都還清楚記得，他父親曾在一次家族聚會上，扭著他的耳朵把他拉走。他沒有經歷過沒有值得效法的懲罰方式，而現在成了父親之後，他發現自己正在讓女兒重複他曾經歷過的過去。他會對女兒大喊：「你有什麼毛病啊？」」。他們來診療的另一個原因是伊莎貝爾經常哭鬧，而保羅會在女兒哭鬧時突然大聲命令她「回去你房間」，有時還會對她說：「你為什麼不能表現得像你弟弟一樣？」」保羅很訝異自己會這麼坦白地說起過去。他告訴我，他幾乎從沒有機會用這種方式談論自己的感覺。他發現，我們的對話讓他能用一種全新的角度理解自己與女兒間的衝突。伊莎貝爾的性格比較像母親，而不像父親，她從出生時就十分敏感，很容易哭鬧，與她還是嬰兒的「好帶」弟弟完全不同。

伊莎貝爾的父母兩人在管教方式上有嚴重的分歧。安卓雅的原生家庭與保羅不同，幾乎不太處罰孩子。「但是」她說，「我是個『乖小孩』，所以這不是什麼大問題。」現在保羅常把伊莎貝爾的行為怪罪在亞卓安寬鬆的管教方式上，導致家庭氣氛緊繃，這種緊繃的氣氛又因為長期睡眠不足與新生兒的到來而變得更加嚴重。

我認為，路比與其同事所謂的「病理性罪惡感」或許其實是羞愧感。罪惡感是一種正常而健康的情緒。「我有罪惡感」代表的是「我應該負責」。但羞愧則不同，羞愧必定是病理性的，對情緒發展有破壞性的影響。但若我們沒有機會聽到家庭的故事，我們就沒有辦法分辨病患的情緒是哪一種。保羅的故事讓我們理解，這種羞愧感是代間傳遞下來的。伊莎貝爾的悲傷與低自尊心是一種溝通方式，充滿憤怒的環境帶來的壓力影響了她及她的父母。她的感覺與行為並非疾病，而是為了想要改變情勢而做出適應性努力。

羞愧感很有可能大幅影響腦島的成長。路比認為有的人腦島較小，就像有的人天生胰腺不正常一樣。但如我們在本書中所見，大腦的發育會受到人際關係的影響。我們不應該在不知道完整的故事時，單靠腦部掃描做出結論。若伊莎貝爾的家庭繼續過續的生活方式，或許伊莎貝爾在幾年後接受腦部掃描時，醫師會發現她的腦島比弟弟的小，但事實上，這個掃描結果可能同時源自於遺傳與生活經驗。在沒有完全了解人際關係的狀況下，我們是無法在心理學與神經科學間搭起橋樑的。

路比的小組建議我們教導小孩「管理罪惡感」，但這對伊莎貝爾來說是沒有預防效果的。路比提出的方法貶低了人際關係能的治癒力。DSM疾病模式將問題歸咎在小孩身上，而路比的方法就是DSM帶來的結果。我們必須有機會傾聽，有機會探索意義，才能對親子關係提供支持。

一旦保羅有機會釐清自己的行為其實來自於過去，一旦他覺得自己聽見、被了解，他就能更有耐心地傾聽女兒的聲音。他不只發現了自己不經意從過去複製而來的管教方式有何缺點，也發現了他的方法對伊莎貝爾來說太過嚴苛，因為伊莎貝爾天生就是敏感的孩子。安卓雅和保羅現在察覺了，他們兩人間的衝突會使家中的氣氛變得緊張，就算他們刻意避免在孩子面前爭吵也一樣。新生兒為家裡帶來的混亂讓他們沒有時間或空間思考這些問題。

夏畢洛在他的論文〈好奇〉中提出了「病理學確定性」一詞，指的是在嚴重的精神病理學案例中，「某些家庭成員常會在缺乏進一步討論或詢問的狀況下，極端確定自己知道並理解其他家庭成員的感受，認為自己能替他們發言。」病理學確定性會以制度化的形式出現，例如基於「症狀」或腦部掃描診斷出你的孩子罹患了重度憂鬱症，這是可以理解的。反過來說，若我們帶著好奇傾聽並讓人們說出故事，我們就有機會理解各種複雜的行為背後的意義。只要家庭還存在，各種「抑鬱症症狀」背後就會有多不勝數的不同故事。

許多專業人士提倡我們應該診斷學齡前的孩子是否罹患抑鬱症，他們認為反對這種作法的人就是在否認年幼的孩子有可能受到深度憂鬱所苦，大大低估了這個問題。但以傾聽代替診斷也同樣反對這種作法。透過傾聽年幼的孩子與父母，我們得以承認並尊重他們千變萬化的有力情感。

診斷過動症的確定性

史凱勒今年十一歲，我最近才剛與她的母親聊過。史凱勒的老師認為他可能罹患了ADHD，建議她去接受藥物治療。珂拉知道女兒具有多項才華，她歌聲優美，可以透過音樂以冷靜的態度清晰表達自我，團隊運動對她來說很棘手，但她在溜冰、滑雪和賽跑都表現得很好，這些活動能帶出她最好的那一面。但越來越複雜的中學社交狀況讓她近來遇到許多問題。珂拉想要在決定如何進一步協助女兒成長之前審慎考慮。她向史凱勒的小兒科醫師預約，想要討論這個問題，但接待員不但在她預約前就把這次預約稱作「ADHD評估」，還要求她與老師先填寫一份ADHD評分表。他們提出的問題並非「我們要用什麼方式理解史凱勒遇到的難題」，而是

「她有沒有罹患ADHD」。在有機會思考並探索史凱勒的行為背後的意義之前，他們就已經在她身上貼上了標籤。珂拉細心地告訴我，他們家有一些長輩也有類似的特質，但他們都找到方法適應了這些奇怪的習性，成為科學家與作家。珂拉想要讓女兒用健康而適合的方式去理解並跨越這些問題。但她很擔心醫師會在他們還沒有釐清問題的根源前，就把珂拉的問題診斷成疾病。

許多醫師在向父母與孩子解釋藥物治療時，會用近視來比喻ADHD，用眼鏡來比喻藥物。這些醫師在診斷出孩童的精神疾病時，心中非常肯定，而這個比喻更加強化了這種肯定有多麼可笑。我們熟知近視的生物學成因，也熟知眼鏡矯正不正常視力的機制。眼科醫生在測量眼睛的長度後，可以依照結果得到精準的治療方式。她可以在往後持續測量眼睛的長度，在眼睛有所改變時立刻調整治療方式。

但我們稱之為ADHD的疾病並沒有相應的生物學成因或生物指標。雖然研究顯示遺傳與控制注意力的能力有關，但並沒有與ADHD相應的基因。事實上，美國衛生研究院資助的研究者在最近發現，在重統意義上罹患相異疾病的病患——自閉症、ADHD、雙極性障礙、重度憂鬱症以及思覺失調症——在相同的染色體上出現了類似的遺傳變異。

我們知道某些神經化學和大腦結構會對注意力、行為與情緒有一定的影響，但在說到ADHD時，我卻沒有找到相對應的腦部特定異常區塊。我們在評估症狀時依靠的是行為的主觀描述，依此調整藥物治療是非常不精確的方法。我的一位同行提出了一個他稱之為「解構」ADHD的方法。珍的故事即是這種方法的範例。

「我只想知道她有沒有ADHD。」達拉在第一次診療時非常擔心她三歲的女兒珍，她的妻子蘿瑞把他們還是嬰兒的兒子班抱在腿上。達拉是珍的生母，她自己最近剛被診療出ADHD。我從達拉口中得知，她在童年時期遇到了很多困難，天生放縱的個性讓嚴格的父母常常生氣地責罵她。達拉在懷孕時就覺得體內尚未出生的孩子活動力過高，讓她擔心孩子可能也罹患了相同的精神失調。她不只覺得女兒與自己非常相似，甚至對於女兒遇到了與她類似的困境而感到巨大的罪惡感，覺得這可能是她的「錯」。在我們開始談話後，她堅持要我確定地告訴她，珍到你有沒有ADHD。如果答案是有，她們就可以「現在開始做點什麼」。如果答案是沒有，她們大概就可以放鬆下來，繼續前進。

但在接近診療尾聲時，蘿瑞說，她對於這種「非黑即白」的觀念並不那麼肯定。我鼓勵她繼續解釋後，她說起珍的好奇心與觀察事物的能力。蘿瑞說，達拉也有類似的人格特質，她將這種特質運用在工作上，成為了成功的建築師。她們最近接了新生兒回家後，珍變得很容易因為家中過多的刺激而開始哭鬧。她的活動量越來越高，甚至會爬到可能會造成危險的地方，而這些行為會在短時間內轉變成爆炸式的哭鬧。蘿瑞轉向達拉，溫柔地詢問她有沒有注意到這個模式。達拉說她有，她也注意到自己會在這些狀況下變得太過焦慮，接著迅速陷入怒氣中。蘿瑞認為，珍的問題之所以會加劇，或許是因為不斷增加的負面注意力，以及缺乏與母親一對一相處的時間。達拉對此十分同意。

在接下來的幾次診療中，我們繼續解構ADHD的問題，檢視珍的行為是來自於哪些不同的因素。在他們一家人一起出現在診療室中時，我們即時解構了珍的行為，讓兩位母親都理解了珍的狀況。剛學會走路的班是第一個進入診療室的人。他直直走到玩具櫃前，開始把所有東西都打下來。接著，珍也跑過去，加入了他的行列。整個診療在這時已經接近失控的邊緣了。達拉和蘿瑞坐在沙發上，想告訴我自上次診療過後發生了什麼事。但情勢很快就惡化了。珍從班手上搶走玩具時，班立刻大聲尖叫著抗議，達拉責罵了珍。珍馬上繞著房間跑了起來，接著爬上了桌子。在達拉把珍抱下桌時，珍踢了母親一腳。「這就是我們之前提到的狀況。」蘿瑞在班的哭聲中解釋道，「我把珍帶出去吧，這樣你才能繼續跟達拉說話。」達拉在同意時顯然鬆了一口氣，覺得蘿瑞把她從極大的壓力中拯救出來了。但這幕景象讓我發現，她們說的「問題」落在達拉與女兒間的連結上，因此我建議把失控的珍留在房間裡，讓蘿瑞帶班出去散步。這是個冒險的假設，但我立刻得到了顯著的成果。就像剛才突然變成瘋狂孩子的狀況一樣，珍突然變回了愉快而專注的小女孩。我們三個坐在地板上一起玩了幾分鐘，在餘下的訪談時間裡，珍都靜靜地玩著洋娃娃屋，而我則繼續和珍的母親談話。

達拉在這個戲劇性的瞬間，理解了珍回應壓力的方式——珍剛剛接受了過大的知覺刺激，又想和她的弟弟爭奪母親的注意力，她的回應方式就是提升她的活動力。達拉也知悉了另一件同樣重要的事——冷靜地專注在珍身上就能讓珍冷靜下來。現在達拉終於敞開心胸接受了蘿瑞所說的正向特質，也就是她和女兒共同擁有的敏感度，她也接受了這些特質只有在遇到特定狀況時會變成問題，比如同時面對尖叫的弟弟與生氣的母親。達拉現在能清楚了解到，她會被女兒的行為激怒，而生氣對她與女兒都沒有幫助。

我們在診療中發現親子兩代擁有一樣的特質，她們都容易注意力渙散，也都有極高的活動力。充滿壓力的親子關係讓母親回想起了過去的衝突，活潑而吵鬧的嬰兒與忙碌的家庭生活則使女兒遇到感覺處理上的困難。

兩位母親開始合作，協助珍用正向的方式抒發好奇的天性與緊張感，並在對方提供兩個孩子所需要的注意力時支持彼此。我在數個月後的談話中得知，珍在新的幼兒園中表現良好。她去看了職能治療師，解決了知覺敏銳度過高的狀況。再也沒有人提過ADHD。

許多醫師在提到他們所謂的「簡易ADHD」時，堅持他們施以藥物治療的孩子都只在組織行為和解決問題時遇到困難，也就是只有執行能力上有問題。但若我們沒有花時間傾聽完整的故事，我們怎麼能確定呢？如我們在書中所見，在遇到以DSM為表準的評分表和結構化的診斷時，錯綜複雜的故事通常並不會出現在檯面上。孩子被診斷出病症後，隨著他逐漸成長與發展，能夠傾聽故事的時間將會越來越少。一項研究顯示，在超過三十萬名接受ADHD藥物治療的孩子裡，只有百分之二十五曾接受任何類型的談話性心理治療；在兩百個美國鄉鎮中，只有低於十分之一的孩子接受了藥物治療之外的任何一種心理治療。在另一項研究中，研究者從不同社群中找了一百八十八位小兒科醫師，他們提供了超過一千五百份病歷，研究者發現接受ADHD診斷的病例中，絕大份（百分之九十三點四）都接受了藥物治療，只有百分之十三接受了任何其他類型的社會心理治療。

八歲的萊希正是這種典型治療模式的範例。在萊西接受了兩年的ADHD的藥物治療後，她的父母由於開始擔心藥物的長期影響，而前來找我諮詢。

萊希在進入幼兒園時開始表現出注意力不集中與過動的徵兆，她的老師管不動她，她因而成了校長室的常客。萊希的父母帶她去看小兒科醫師，醫師則在完成了評分表後，判斷她罹患了ADHD。在實施了數個月的「行為管理策略」後，他們開始嘗試低劑量的興奮劑類藥物，萊希的狀況立刻有了改善。萊希依照這個模式度過了一年級，在年中增加了藥物的劑量。在她進入二年級時，他們再次開始了藥物治療。到了冬天，她又需要更高的劑量。萊希定時在早上與下午服藥，他們開始發現，萊希在兩次服藥之間出現過動與注意力不集中的狀況，小兒科醫師因而推薦他們使用持效性釋出製劑。她在那年之中經歷了一次又一次的藥物治療，每次行為進步之後，就會出現她父母、老師與醫師所謂的更嚴重的ADHD「症狀」。在萊希的母親打來預約時，她告訴我，她和萊希的父親最近離婚了，但小兒科醫師和老師都不人為這件事與萊西的症狀有關，因為萊西的ADHD是在他們離婚前就開始的。

在與萊西的父母對話時，我的第一個思考的是婚姻衝突對萊希的行為有何影響，以及萊希的行為對婚姻有何影響。孩子表現出注意力不集中、容易分心與過動行為，會不可避免地影響到親子之間的關係，以及父母之間及手足之間的關係。如我們在珍的故事中看到的，孩子原本的「特質」有可能會在充滿壓力的環境中轉變成「問題」。研究證明，擁有造成ADHD行為傾向的基因的個體，可能只會在充滿衝突的家庭中，才會表現出DSM定義的精神失調行為。

此外，我在初次的談話中發現，雖然萊希在診斷出ADHD後又使用藥物治療了兩年，但他們並沒有探究過萊希在家中或學校遇到的感覺處理問題，是否會對她的行為造成影響。

我們都很確定以眼鏡作為治療方法會對視力造成改變，但利用加強藥物劑量消除「問題行為」傳達的是錯誤的確定性：認為行為必定是ADHD引起的。除此之外，開立精神科藥物給發展中的孩子服用可能會造成巨大影響，而這種影響並不只來自於藥物本身，而且難以辨別。讓孩子藉由吃藥「管理」行為代表了什麼意義？成人們常直接在孩子面前討論，是否該依據他的「問題行為」而改變藥物的劑量或治療方法。這種經驗與更換眼鏡不同，必定會對孩子正在成長的自我造成影響。

良好的人際關係，能促進孩子的大腦發展

DSM在數年前改變了泛自閉症障礙的診斷標準，這件事上了新聞，使許多父母都擔心他們的孩子會不再被診斷成自閉症，並隨之失去診斷能帶來的協助。那時我在部落格中寫了一篇文章，討論父母為了使用保險金支付醫療費用，而讓孩子被診斷出疾病會造成什麼問題。一名憤怒的讀者蘭登・布萊斯（Landon Bryce）寫了一

篇部落格文章作為回應，他說：「戈爾德醫師根本無法理解自閉症就是一種精神失調。」

疾病管理局近來的統計顯示，每六十八名孩童中就有一名罹患自閉症，我在看到這項數據後，開始深思熟慮起了他提出的困境。布萊斯和我的觀點其實是一致的。我們都在呼籲大眾尊重差異性並重視差異性。

安德魯・所羅門知道無條件的愛以及完全接受個體的差異性能帶來多大的力量，他在《背離親緣》明確地表達了這個觀點。所羅門在談及自閉症的章節中提到，若父母希望自己的孩子沒有自閉症，就等於他希望孩子從來不曾存在，希望能擁有一個完全不同的孩子。然而我在診所中看到的許多案例正好是反例。替身陷困境的孩子尋求評估的父母都無條件的愛著孩子。他們十分積極地想要了解孩子的感覺。他們並不急著替問題行為貼上標籤，他們渴望能給孩子空間與時間適應他獨一無二的能力與困境，以正向的方式使之融入孩子逐漸浮現的自我。

雖然研究顯示，遺傳學與神經生物學的機制會對自閉症的行為產生影響，但這些機制並不像湯瑪斯・因塞爾所說的食物過敏或糖尿病一樣，是我們以確知完整生物學機制的疾病。自閉症診斷的問題在於，被歸類在這個單一名詞之下的病患會表現出差異非常大的不同症狀，這正是人們必須提心吊膽地進行這些討論的原因。有許多成年患者能像布萊斯一樣，為這些症狀的差異性發聲，但也有許多患者缺乏這種能力，他們被貼上一模一樣的標籤，但卻沒有與他人溝通的能力。基本上我十分同意布萊斯與所羅門的觀點，但我總是在想到這上述事實時感到猶豫。我們可以在史蒂夫・希爾博曼（Steve Silberman）的著作《自閉群像》中看到這個問題，他在書中深入探討，自閉症應該是「與他人有差異」還是「精神障礙」。珍妮佛・希尼爾在評論該書時寫道：「他在書中提到的許多自閉症患者都引領了人權運動，因此都傾向於擁有細膩的描述能力……導致我們看不較具有破壞性的自閉症形式。」

溫尼考特在一九六六年針對自閉症所寫的文章中肯地反映了現今的狀況。在我看來，發明了自閉症這個詞是一件好壞參半的事……我想說的是，一旦我們發明並應用了這個詞，我們就為一件略為虛假的事架設好了舞台，例如：發現一種新疾病……小兒科醫師和其他我們所能想像的到的醫師都比較樂於使用疾病一詞，如此一來教科書才會比較整齊。不幸的是，精神上的問題並不是這麼運作的。

溫尼考特肯求讀者要在從他所謂的「發展供給」，也就是發展背景與人際關係之中理解孩子。他看見的不是可能來自於精神失調的症狀，而是孩子在發展時經歷的整個故事，無論孩子在幼年期的人際關係與經驗是促進或是阻礙了發展，我們都應該去看見他的故事。

致謝

首先，我想要感謝我診療過的孩子與家庭，讓我有這個殊榮替他們進行多年診療。感謝我美好的同事麥可・耶林內克和霍華德・金所做的努力，讓我有機會在最近數年內傾聽無數年幼孩子和其家庭的故事。

麻州大學波士頓分校的親子精神健康學士後文憑學程中的教師與同事不斷帶給我無價的見解、支持、啟發與友誼。我曾數次覺得自己像是在浪潮中逆流而上，但與他們相處讓我得以繼續強壯地前進。

我也要感謝柏克夏精神分析研究所的教職員。我在二〇一四年進入該研究所就讀，他們讓我用全新的方式思考，理解每天在診所中觀察到的現象為何。我由衷感激深思熟慮、親切又極度耐心的代理人麗莎・亞當斯，她閱讀並修正過這本書的無數個版本。她從在這本書還只是個構想時就與我並肩前行。

我和才華洋溢的編輯莫勞德・勞倫斯一起對本書進行了好幾次寶貴的毀壞與修復，直到我們對於她想要的書與我想寫的書達成共識。我非常謝謝她的支持與努力不懈。她在我確實表達出我想說的話之前，從不肯休息片刻。

我最感激的人是我的丈夫，他一直大力支持我偏離常軌的事業計畫。我也最感謝我的孩子，他們一直都是最棒的老師，看著他們逐漸長大帶給我無盡的喜悅與驕傲，最後，我想要感謝我的父母。雖然到了最後我寫出來的書並不是以我父親為主題，但本書的每字每句都有他的存在。我的父母是希望與適應的化身。我父親的失落住進了我心理，但隨之進駐的還有他的樂觀主義。他帶著力量、專注與熱忱，在生活中一路前行。我自他身上繼承了堅持糾正錯誤的動力，我用我的聲音帶出了那些沉默孩子的聲音。

family field 親子田 親子田系列 031

沉默的孩子

The Silenced Child: From Labels, Medications, and Quick-Fix Solutions to Listening, Growth, and Lifelong Resilience

作　　者　克勞蒂亞．高德（Claudia M. Gold MD）
譯　　者　聞翊均
總 編 輯　何玉美
選 書 人　陳鳳如
責任編輯　陳鳳如
封面設計　張天薪
內文排版　菩薩蠻數位文化有限公司

出版發行　采實文化事業股份有限公司
行銷企劃　陳佩宜．陳詩婷．陳苑如
業務發行　林詩富．張世明．吳淑華．林坤蓉
會計行政　王雅蕙．李韶婉
法律顧問　第一國際法律事務所　余淑杏律師
電子信箱　acme@acmebook.com.tw
采實官網　http://www.acmestore.com.tw
采實粉絲團　http://www.facebook.com/acmebook

I S B N　978-957-8950-05-4
定　　價　350 元
初版一刷　2018 年 1 月
劃撥帳號　50148859
劃撥戶名　采實文化事業股份有限公司
104台北市中山區建國北路二段92號9樓
電話：(02)2518-5198
傳真：(02)2518-2098

國家圖書館出版品預行編目(CIP)資料

沉默的孩子 / 克勞蒂亞.高德(Claudia M. Gold)著；聞翊均譯.
-- 初版. -- 臺北市：采實文化, 2018.01
面；　公分. -- (親子田系列；31)
譯自：The silenced child : from labels, medications, and quick-fix solutions to listening, growth, and lifelong resilience

ISBN 978-957-8950-05-4(平裝)

1.親職教育 2.傾聽 3.兒童心理學

528.2　　　　106023436